U0600491

质心理”（Stockholm Syndrome）[①] 在作祟。我们通常无法理解，为何有些人就是没办法脱离伪宗教而最终落得凄惨的下场，为什么有些人就是不愿离开身边的坏人呢？实际上，这些人原本就认为自己是无法逃脱的。最为恐怖的是，他们甚至都没有想要逃离的想法。

并不是只有精神有问题的人才会陷入这样的陷阱。我们每个人都有心理脆弱的角落，当有人要探究那个角落的时候，我们都有可能会陷入精神层面的“人质心理”。我们身边总会有人盯着别人的心理弱点不放，所以我们要不断培养自己看人的眼光，远离那些坏人。

雅英现在还没有陷入“人质心理”，但是她不想放弃自己付出的那些努力，不愿轻易换工作。她好不容易才适应了的新的工作流程、良好的同事关系、医院附近租的房子，而这些都成了她的牵绊。心理学上把这种情况称为“沉没成本误区”（Sunk Cost Fallacy）[②]。“沉没成本”是指自己为了达到现在这个位置所付出的所有努力。当“沉没成本”很高的时候，我们就会觉得可惜，就算损失非常严重，

---

① “人质心理”全称为“斯德哥尔摩综合征”，是指被害者对于犯罪者产生情感，甚至反过来帮助犯罪者的一种情结。这种情感造成被害者对犯罪者产生好感和依赖性，甚至协助犯罪者。

② 译者注：“沉没成本误区”是指当决策者过于重视“沉没成本”时，会过于把注意力集中在过去消耗的时间、金钱和精力上，而不关心未来的结果。

都无法放手。我们如果总是执着于“沉没成本”的话，就无法离开不合适的工作岗位，也无法从不幸的婚姻中脱身。

我们经常会被这种情况蒙蔽双眼，往往只有在我们抽身之后，才发现由于当初没有趁早放手而造成了更大的损失。如果你无法自己做出判断，可以向身边聪明睿智的朋友或是长辈求助，与他们一起讨论怎么做才是最有利的。

当局者迷，旁观者清。自己解决不了问题的时候就要学会求助，我希望你至少向三到五位朋友或长辈询问。也许这时你就会发现，身边能有几个睿智的朋友有多好。如果你和这些人的关系不是十分亲密的话，你也可以请他们喝一杯咖啡，吃一顿饭，听听他们关于这件事的看法。如果你实在找不到合适的人选，也可以向心理咨询师进行咨询。

我们需要鼓起勇气，把那些糟蹋了我们心灵池塘的臭鱼烂虾都从下水道冲走，和善良的人们一起构建美丽和谐的莲池。

那些让人厌烦的人际关系会比心理创伤带来更大的精神损伤。我们从新闻中也能看到这样的事例，如果遇人不淑，就有可能毁掉自己的一生。

善良而不懂拒绝的人一定要学会坚持自己的想法。在学习锻炼的过程中，我们需要注意以下几点：倾听、礼仪、共鸣、合理的解释、正直和坦率。我们需要坦率地表达自己的想法，礼貌地倾听对方的回答，对对方提出的意见产生共鸣，要能够合理、率直地表达自己的想法和感情。我们虽然可能会因为坚持自己的主张而受到损失，但是日后都会庆幸自己当时的坚持。

雅英下定决心要换工作，所以找了院长谈话。她坚持自己的主张，还直截了当地问院长：副院长的人品有问题，有没有想过开除她？雅英在我的建议下，给副院长写了一封信，信中写明了自己的一些想法，以及副院长的不足。

然而，事情的结局并不像我们想象的那般美好。院长不希望医院里有这种复杂的事情发生，所以辞退了雅英。但雅英在事后和我说，她觉得自己当初做出了正确的选择。因为她发现，当她决定不再做一个无底线善良的人之后，她的人生有了翻天覆地的变化。

为什么我身边全是坏人呢

有三个人是好朋友。A 大方热情，经常会送朋友各种东西；B 非常吝啬，总是接受别人的东西，甚至有时还会向别人索要；最后一位 C 比较中庸，从别人那里收到了多少，就会再给别人多少。

这三个人的友情能持续下去吗？

其实在我们的身边也不乏这样的实例。我们说那些总是付出的朋友特别傻，说那些总是接受的朋友不知廉耻。如果身边 A 和 B 类型的朋友比较多的话，我们往往会希望成为 C 这样的人。我们常常把只会付出却什么都得不到的人称为“冤大头”，谁都不想成为这样的人，甚至有人还会讨厌“冤大头”的存在。

“冤大头”（Pushover）指那些总是为别人着想，自己反而吃亏的人。换一种说法，就是很容易被别人控制的，好欺负的人。

我在做心理咨询的过程中发现，这样的人其实很多。

米静身边有很多朋友，因为她的童年非常不幸，所以她十分渴望他人的同情和关心。她喜欢和朋友们在一起，只要有朋友约她外出，她都会答应。辛辛苦苦赚的工资也都用来请朋友喝酒吃饭了。她会认真倾听每一个朋友的烦恼，还会记住每一个重要的纪念日。

但是有一天，米静突然发现，自己其实是个“冤大头”。但这件事情不是她自己想清楚的，而是别的朋友向她转述了世希的想法。

> “世希说，她不是因为喜欢你才和你做朋友的，她是觉得你傻乎乎的，让你做什么你都答应，所以才一直待在你身边的。”

米静一直认为她和世希是最好的朋友，所以在听说世希的真实想法之后，她受到了巨大的打击，甚至对自己的人生都感到后悔和绝望。

其实类似的事情我们每个人都经历过。我们有可能是当事人米静，也有可能是世希，还有可能是传话的那个朋友。

如果我们的身边都是好人，当然没有什么问题。但问题是，“冤大头”的周围总是会聚集着很多想占便宜的人。如果你的身边有很多人，而且你没做错什么事情却总是受到伤害的话，你就要好好想一想，自己是不是“冤大头”。

如果你和那些坏人只是见一两面，那就无所谓，因为之后不会继续相处。但问题是，总有些相识很久的人，借着朋友或是亲戚的名号，欺负“冤大头”。

坏人也是分等级的，如果只是利用别人的话，这只能算是自私，属于普通的坏。真正的坏人并不觉得自己有问题。也就是说，这样的人有人格障碍，我们需要特别留意身边有没有这种人。

法国心理学家弗朗索瓦·勒洛尔（Franois Lelord）和克里斯托夫·安德烈（Christophe André）给这种人进行了分类。

认为“我处于危险中”的是焦虑型人格。

认为“这个世界全是骗子”的是偏执型人格。

认为“我要诱惑你，来证明我特别有魅力”的是戏剧型人格。

认为“我要控制一切”的是强迫型人格。

认为“我就是最特别”的是自恋型人格。

认为“孤独就是我的宿命”的是分裂型人格。

认为“所有情况尽在我掌握中”的是 A 类人格。

认为“我没资格快乐”的是忧郁型人格。

认为“我是黏着你就很开心的寄生虫”的是依存型人格。

认为“顺从就是失败”的是消极攻击型人格。

认为“如果和别人交往的话我肯定会受伤”的是回避型人格。

世界卫生组织（World Health Organization，WHO）的研究结果显示，全世界 7% 以上的人都存在或多或少的性格障碍。我们身边每 10 个人中就有 1 个人有性格问题。而且近十年间，这个现象变得更为严重，所以数字可能会更大。

性格障碍是一种需要治疗的疾病，但是实际上人们并不认为自己的性格有问题，所以寻求治疗的人少之又少。我们其实应该远离这些人，但有时也不可避免会需要和这样的人相处。

我们经常会遇到这些人。他们会把自己的工作推给别人，会为了升职和利益诬陷他人。说不定现在你的身边就有这样的人存在。

他们非常想控制他人，如果这种欲望得不到满足，就会觉得非常失落和挫败。他们就像是闯入其他蜂巢的马蜂一样，如果我们不能齐心协力消灭他们，那么团体中的每一个人都会受伤。

但是在公共场合和职场中我们很难做到，而且万一公司的领导就是这种人的话，我们该怎么办呢？如果公司规模非常大，那我们还有可能躲开领导的直接指责，但是如果公司的规模非常小，那就很难躲得开，有可能我们的每一天都要被他人控制。

当然就算天塌了也有高个子顶着，现在我就告诉你们一些心理游戏的制胜法宝。

不必害怕
被他人厌恶

美娜从小学到大学一直都是学生会成员，有很强的领导能力。当看到自认为不好的事情时，她习惯了心直口快地指出问题所在。就算有人用刀指着她，她也认为错的事情就是错的，绝对不会改口。

在工作中有些领导非常不喜欢美娜这种强硬的性格，美娜的直属领导崔组长就是这样的人。今年，他们两个仅仅因为一些小事就产生了五六次争执。美娜非常不喜欢崔组长迂腐陈旧的工作方式，所以在开会或者聚餐的时候，她总会无所顾忌地表达自己的想法，两人常常说着说着就会吵起来。

崔组长现在连看都不想看到美娜，但美娜还是非常坚持自己的观点。其实她只是表面坚强，内心也会疑虑自己是不是有什么问题。尤其是她过生日请客吃饭的那次，崔组长没有参加，这让她非常伤心。在她们单位，员工过生日的时候领导通常都会到场送去祝福，缺席的情况非常少见。

最近，崔组长、美娜还有另一个男同事一起去外地出差。一天上午，她和崔组长因为销售分析的相关事项产生了争执，幸好依旧顺利完成了与合作企业的会谈，直到吃午饭的时候都没有再发生别的不愉快。

但是在喝咖啡的时候，状况发生了。当时气氛还不错，所以美娜鼓起勇气问了组长对自己的看法。

“组长，您其实对我有很多不满吧？”

“你别乱说。”

“请您直接告诉我吧，有什么做得不好的地方我会认真改正的。”

崔组长默默酝酿了一会儿，终于说出了真心话。

“其实，我最看不惯你说话太直接这种性格。虽然这是你的天性，很难改变，但是有些场合你没必要把话说得那么过分。”

崔组长终于把他一直以来累积的不满说了出来。

但是，美娜觉得自己很委屈，终究还是没有忍住，立刻进行了辩解。她说自己说话并不过分，性格也并不坏，她也是为了小组能发展得更好，所以说出了实情而已。然后她把这段时间以来对崔组长的不满一件件都说了出来。

崔组长当时的表情非常难看，简直就是在说：“果然跟她说什么都没用啊。”他把美娜的反驳全都当作了耳旁风。

几天过去了，美娜依旧无法从失落的感情旋涡中抽身，她甚至怀疑自己是不是得了抑郁症。她第一次发现，被他人厌恶居然会这么痛苦。她觉得实在无法控制自己的情绪，于是给医院打了求助电话，想问一下这种情绪通过心理疏导能不能缓解一些。

其实看不惯某个人的情绪是能想办法缓解的，但我们却很难扭转别人对自己的看法。当发现自己被他人厌恶时，就已经觉得很难受了，我们却还要学着忍受和努力去改变别人的想法，但是这种努力通常都是没用的。

如果我们想要活得安稳且幸福，就要学会机智地面对各种人际交往问题，让他人对我们有正面的、积极的评价，所以我们需要学会如何倾听他人的心声，如何用适当的言行给他人留下好的印象。

每当遇到被厌恶、愤怒、嫉妒等情绪折磨的人时，我都会劝他们进行宽容训练，这个训练的效果非常好。但是在进行宽容训练之前，首先需要进行感谢训练。我们要先学会表达感谢，让自己心胸变得宽阔，然后才能学会宽容，这是一种心境的磨炼。

美国心理学家马丁·塞利格曼（Martin Seligman）经过研究发现，通过写感谢信能够有效地促进关系健康发展。但是，单单写信是不够的，在寄出信件之后我们需要和对方见面，面对面地表达感谢。如果只是写邮件或者寄信的话，效果就会被削弱。

塞利格曼认为，感谢信的字数至少要在300字以上，内容方面要具体描写对方为你做了什么事情，这些事情对你的人生产生了什么样的影响，还要写上自己有多么感谢对方，甚至写出你是否会经常想起这些事情。

当与对方见面的时候，我们要把感谢信像惊喜一样拿出来，而不是事先告诉对方。当着对方的面朗读信件，产生的效果会更好。

天哪！这也太难了吧？对含蓄的亚洲人来说这件事很难做到吧？但只要对促进关系有利，我们都可以去尝试。

美娜一开始也非常抗拒自己先退一步，但她还是为了缓解和崔组长之间的关系而写了感谢信。

其实崔组长也是十分小心谨慎的内向性格，当他看到美娜先伸出了橄榄枝，于是也马上给予了回应。现在，美娜和崔组长的关系十分融洽，他们成了很好的搭档，美娜直爽的性格和表达方式也为他们解决了很多难题。

Tips

不被他人厌恶的方法

1. 坚持不懈地学习良好的沟通方式。如果用合适的沟通方式表达自己的想法，还能增进相互之间的感情联系。

2. 在纸上写出那些很难相处的人的名字，试着在旁边写出联想到的词汇。如果能够标明好感指数的话会更简单一点。如果对某个人的好感指数很低，就要想方设法，努力解决问题。

3. 要学会照顾身边的人。你觉得，如果你错过了某人的邀请，只有那个人会觉得心里不舒服吗？其实不是的，这件事情带来的影响很快就会波及其他人。其实只要少买一件衣服，你就能预留出人际交往所需的费用。

4. 要给身边的人制作简历。如果你需要特别注意某个人，那你就要认真收集这个人的信息，就算是关于食物喜好这样的小细节，在以后也许都能派上大用场。

5. 如果觉得自己和某个人之间已经有了信任裂痕，就应该在事情进一步恶化之前采取行动。有些事情现在不补救，以后就来不及了。我们应该先表态，先给予谅解，并且积极解决问题。

6. 但有些时候，不论我们怎么努力，对方都没有发生改变。比如说那些精神变态的人、内心创伤比较多的人、自信心比较低的人、嫉妒心重的人，等等。对于这样的人，我们就不必继续付出了。有些人今后要一起同行，而有些人就要果断舍弃。

7. 有些事情的根源来自我们的内心。假设所有的事情都有一个心理平均值，如果内心能力没有达到这个数值，我们就有可能和他人产生矛盾。所以有些时候，我们需要首先让自己的内心恢复平静，然后再继续处理事情。

8. 当我们讨厌对方的时候，有几个方案可以选择：第一，解开误会，积极和解；第二，装作若无其事；第三，尽量避开与他交往，并且让对方感受到自己的小心谨慎。我希望你们都不要拖延，尽快选出合适的方案并付诸实践。事情拖得越久，就越容易产生误会。那些无用的感情消耗会让双方都很疲惫。

9. 我们要空出一些时间用来思考人类的意义。最容易的方法就是阅读相关的心理书籍，努力理解人类为什么会有这样的行为，理解那个人为什么单单会对我做这样的事情。这时候就会发现，我们其实很容易理解对方的所作所为。

不必和每个人
都保持良好的关系

“我觉得很难和长辈沟通。”30 多岁的相哲觉得自己在面对长辈时，不仅很难表达自己的想法，也很难向对方提出问题。社会生活中很重要的一点就是与长辈、领导友好相处，但其实这是很困难的，而且就算与平辈相处也不是那么简单的。其中最让人觉得不好相处的，就是年纪很大的领导。

相哲很羡慕那些能与比自己大二三十岁的长辈融洽相处的同事。每当同事们在聚餐时或者在 KTV 里向上司撒娇讨好的时候，相哲就只能坐在角落里拿着遥控器，束手无策地看着他们。

其实相哲的这种性格也是有好处的，因为想得周全所以做任何事情他都会提前准备；而且他比别人容易集中注意力，所以考上了很好的大学。由于提前做好了职业规划，他找到了一份令人羡慕的工作。但当他步入职场之后，问题就凸显了出来。由于特殊的工作性质，员工之间的来往非常频繁，这让他非常心累。而且相哲所在的部门有很多年纪较大的前辈，相处起来更加困难，相哲觉得每天都活得很辛苦。

> “我为什么就不能和别人融洽相处呢？是因为我天性如此吗？还是因为我总觉得别人都是坏人？”

这个问题已经困扰了相哲很多年。

我和他沟通之后发现，令他和别人相处困难的主要原因是“依恋关系”问题。相哲小的时候，父母工作非常繁忙，所以他是由奶奶带大的，他和父母之间没有形成稳定的依恋关系。再加上相哲上高中之后就开始独自租房生活，偶尔才能见到父母，所以对他来说父母始终都不是让他觉得安心的存在。

人在小时候具有稳定的依恋关系，能够为其健康的精神世界奠定基础。与之相反，不安定的依恋关系就会成为幼年时期刻骨铭心的伤痛，在今后的人生中需要花很多的时间和精力才能抚平。

遗憾的是，如果一个人在 3 ~ 7 岁都没有和父母形成牢不可分的关系的话，就会对他今后生活中的人际交往产生不好的影响。孩子 3 ~ 7 岁的这段时间被称为“成长的关键时期”，这个时期是依恋关系形成的最佳时间。如果我们有依恋关系问题的话，很可能会被以下几种情况困扰：

——总是很担心自己与他人的人际关系问题。

——不习惯和某人发展亲密关系。

——太过于执着感情问题，让对方感觉疲惫。

——总是想要确认自己喜欢的人是不是也喜欢自己。

——如果得不到人们的关注就会觉得很失落。

——不愿向别人倾诉自己的想法或是感情。

不仅与母亲的依恋关系很重要，与父亲之间的关系也是如此。有研究结果表明，子女依恋父亲的深浅程度，会大大影响他们的社交能力、学习能力以及自尊心的强弱。父亲原本应该成为我们迈向社会的垫脚石，成为我们安稳的靠山，但是在过去的社会中，父亲这个角色大都由于繁忙或冷漠，没能好好完成这项任务。

相哲也觉得父亲比母亲更不好相处。他仔细回想了一下以前的生活，发现他和父亲几乎没有什么共同的美好回忆。他到现在都觉得和父亲两人单独相处会很尴尬，这就是相哲很难和男性长辈融洽相处的原因所在。

相哲每天需要频繁接触的领导主要有两位：一位是性格冷漠的

部长，另外一位是年近 40 岁的女性科长。他觉得向科长提交方案并且收到反馈并不是一件很难的事情，但每当他向部长提交业务报告和策划书的时候都会紧张到汗流浃背。

如果一项工作需要向部长汇报，相哲就要花费成倍的时间和精力去完成。如果企划案有需要修改或是补充的部分，导致无法按时上传，这时他就会受到部长的指责。每当这样的情况发生时，他都无法控制自己的情绪，也不知道该怎么回答部长的问题。

他总是担心自己会被部长责骂，但又很厌恶这样战战兢兢的自己，同时他还担心同事们会看出他的焦躁不安。虽然他也曾鼓起勇气和部长聊天，但是由于找不到接着聊下去的话题，氛围一度很尴尬，对话也很快就结束了。虽然部长觉得相哲非常单纯善良，但是相哲却不觉得这是很好的评价。

“如果这是因为儿时和父亲的关系问题造成的后遗症的话，我到底该怎么解决呢？”

其实世界上有一半的人都有不安全感，觉得人际交往很困难。如果这么多的人终生都被这个问题折磨，会是多么恐怖的事情啊！那么不安全感的问题到底该怎么解决呢？

我们需要仔细分析一下“依恋”这个词语。“依恋”（Attachment

或 Attach）是一种比爱恋程度更深的感情，指的是不想离开他人的感觉，是一种感情上的联结和纽带。如果一个人缺乏和他人的亲密关系，那么这个人就容易出现依恋关系问题，想要解决这个问题，也要从和他人的亲密关系入手。

我们需要认识到，“依恋关系”问题需要花费一生的时间去慢慢解决，我们需要拥有足够的耐心，稳定地、慎重地与人相处，最终消除人际交往过程中的尴尬和不安。因为将来我们每个人都会面临恋爱、结婚、育儿等各种各样的情况，所以我们必须得正视“依恋关系”问题。

首先，我们需要安抚自己的内心。承认自己在独自一人时会觉得孤单和害怕，并且拥抱那个内心饱受折磨的自己。同时我们得承认自己对父母也有怨念，虽然过度的埋怨非常不利于身心健康，但是适当倾诉自己的委屈却是找回内心平静的第一步。

这种情况下用文字记录自己的想法是个很好的选择，但“依恋关系”问题不是一时一刻就能马上解决的，所以不要操之过急。我们应该在心情比较好的时候慢慢尝试，慢慢回忆自己过去感受到的孤独，告诉自己这么长的时间已经足以抚平那份创伤。虽然这个过程可以独自进行，并且也能见到效果，但是向他人求助的话，效果会更好。我们可以向他人倾诉痛苦，同时接受安慰，并且一定要向对方充分描述事情的前因后果，然后有计划地开始安抚过程。这个倾诉人选一定要与你非常亲密，并且完全认同你解决问题的计划，这时才能开始向他倾诉，否则会很危险。

我们的最终目标就是听到对方的真心安慰，听到对方说出“你真的受苦了”这句话。虽然父母的安慰能给我们的内心带来最大的抚慰，但是万一中间哪个环节出了差错，自己反而会遭受更大的心理创伤。这个准备过程说不定需要好几年，如果你选择向父母倾诉，而与父母的关系又很尴尬的话，就应该尝试多与父母进行对话，多些肢体接触，一步步慢慢来。

如果你找不到他人帮助你，那就只能自己安慰自己了，虽然见效可能比较缓慢，但也不是完全没有效果。如果你采用了自我安慰的方法，应该经常这样对自己说——

> “你真的很辛苦。我都明白的。”
>
> “你承受了那么多孤独，终于坚持着走到了今天啊。”
>
> “是孤独促进了你的成长。寂寞也不一定就是不好的。”
>
> “你的存在很重要。你是很重要的人。”

当然，解决这个问题的特效药是爱。长时间持续的、互动性强的人际交往才是解决“依恋关系”问题的根本方法。人际交往带来的问题还是要用人际交往来解决。如果一个人小时候遇到了“依恋关系”问题，但是他现在却没有人际交往障碍的话，肯定是因为在成长的过程中，他体验到了爱人和被爱的感觉。

如果你不想在异性身上浪费感情的话，不妨试着交一个比你大十几岁的朋友吧，交往的时间不需要很长，短暂一点也无妨。你可以试着多参加一些大型的联谊会，或者丰富自己的业余生活，尽量扩大自己的生活圈。

解决人际关系问题的第一步就是需要有足够的勇气。我希望你们都能鼓起勇气，尝试着与年纪大一些的人成为朋友。

我们要
学会有所保留

“The love you take is equal to the love you make.”你收获的爱与你付出的爱是等价的。

披头士（The Beatles）有一首歌叫作《终点》（*The End*），这是其中的一句歌词。没错，友情、热情、善意都是如此，你收获的爱与你付出的爱是等价的。

虽然这是我非常珍爱的句子，但我觉得它也有些太过理想化了。我们经常会遇到付出了很多，却收不到回报的情况。

几年前我听到过一句令我非常震惊的话。我的一位朋友说他还钱的时候总有一种花了冤枉钱的感觉，总觉得自己吃亏了。后来我就决定不再和这个人来往了。因为我的想法和他正好相反，如果朋友按时还了钱，我甚至都会觉得抱歉，有种拿了别人钱的负罪感。

我完全无法理解他的心情。

每个人的想法都不一样，所以如果我们单纯地相信付出和回报是等价的话可能会感到失落，毕竟你想象中的等价往往和别人想象中的等价并不完全相同。

并不是说我付出了 1，就一定能从对方那里收到 1。有可能我们得到的比 1 多，也有可能什么都得不到。我们其实不应该把这句话当作对别人的要求，而是应该当成自己的处事原则，多多回报他人，不要一心想着从别人那里收到回报。这样想的话，也许就能少受一些伤害。

如果我们想为他人付出的话，就尽情付出吧，不要去纠结能不能收到回报。对方能回馈给我们多少都是对方的问题，不要去计算收到的回报是否和付出等值。

我人生的座右铭就是“尽人事听天命”。我尽自己所能做好每件事，剩下的就交给命运来决定吧。

人际关系和数学不一样，无法轻易找到规律，提前预测结果。

只有通过精确设计的心理学实验才能得到真正有效的人际关系黄金法则，然而实验结果却很难科普给所有人。人们经常被各种各样的假消息所迷惑，反而错过了真正的实用法则，即使你是去大型书店购买相关书籍，也有可能被书中的虚假信息骗走好几百块钱。

实际上，我们在使用真正的人际关系黄金法则时也会遇到很多问题。所以，我们最好还是多看一些相关领域的专家著作，或者是世界著名学者长期研究的结果论著，不要轻易相信小道消息。

我来给大家介绍一个可信的人际关系法则，比起付出多少就想得到多少回报的人，那些付出更多的人更容易获得成功。但是我们也不能一味奉献，傻傻地被别人掏空，我们要了解可以在什么方面付出，付出多少，要突出哪方面的重点，这些问题才是关键所在。

实际上，付出是一件非常困难的事情，超出了我们的想象。它考验着我们的智慧、共情能力、情商等各个方面，这些能力并不是看过几本书就能拥有的。首先，我们要能看出人际关系中出现了什么样的问题；其次，我们需要有足够的共情能力，能理解对方的立场；再次，我们要有圆融的待人处事方法，想方设法感动对方，说服对方；最后，我们还要学会看出对方真正想要什么，缺什么，点对点地付出，有针对性地给予才是有效的相处方式。

那些懂得如何付出的人虽然知道了成功的法则，但在实际应用的过程中也会遇到很多问题。所谓的人际关系黄金法则没有任何统计学和心理学的依据，随意使用这些方法经常会让我们陷入尴尬之中，我相信大家在生活中都有过亲身经历，也看到过很多周围人的例子。

不知道大家有没有见过利用权威压制来试图说服对方的谈话方式。比如下面这个例子：

“前几天《华盛顿邮报》不是报道过了吗？事情不是你说的那样。”

虽然说话者使用了人际关系黄金法则介绍的对话方法，但是这反而会让对方产生不好的印象，觉得他是在“炫耀”。

如果他换成这样说：

“虽然我不太确定，但是我觉得这件事好像不是这样的。”

说不定，这种表达方式能让对方更容易接受他的观点。

学会果断
且优雅地拒绝

当我热情地向对方表达自己的看法观点时，他却靠在椅背上，跷着二郎腿，露出一脸无聊的表情，这时我会觉得非常泄气，可能还会后悔和他分享自己的所见所闻。即使对方没有直接用语言表达不满，我们也能通过表情、动作来判断对方的状态，这就是“非语言表述”（Nonverbal Communication）。

如果我们观察身边那些能说会道的人，就会发现他们有一个共同点，那就是这些人都有丰富的肢体语言，而且能够很好地控制自己的面部表情。如果一个人总想着“我不擅长做那件事，所以我干脆不做”，这样是非常危险的，因为他的“非语言表述”中很有可能附带很多负面情绪，非常容易给他人留下不好的印象。

如果你只是嘴上说着“相信”，但是表情上却完全让人看不出来，时间长了就很容易让别人觉得你是一个表里不一的人，也许正是这个原因会让两人之间产生误会，让你找不到真爱。这里说的言行不一是指语言表述和表情不一致。不论在什么年代什么地方，人们都不愿意和言行不一的人深交。

“非语言表述”中最基础的一点就是要学会控制自己的面部表情。要是一个人平时总是面无表情，突然有一天他变得嬉皮笑脸，所有人都会觉得他很奇怪。我们不必非要做出不合适的表情，不用强求，因为表情背后蕴含的感情才是最重要的。

感情能力分为感情认知能力和感情表达能力，由于外界的干扰因素有很多，而且我们大多数人的感情能力都比较弱，所以我们很难通过一个人的表情来看透他的内心，因此这就是我们的第一个课题，练习如何读懂对方的表情。

在教育类的电视节目中，我们会看到偏远地区原始部落的居民的生活状态和我们完全相反。原始部落的人们不仅表情丰富，还能敏感地捕捉到他人细微的表情变化。对方笑他们也笑，对方做什么动作，他们就跟着做什么动作，这就是所谓的“反射”（Mirroring），是人类与生俱来的一种能力。你可以试着对婴儿笑一下，会发现他（她）马上就会回应你一个微笑。对于原始部落的人来说，身边人类的表情和动作是最主要的刺激源，所以他们会非常敏感，能够快速做出反应，甚至跟着做相同的表情或动作。

如果我们长期放任自己的感情识别器处于关机状态的话，这种感情能力就会慢慢丧失，最终发展成感情认知障碍。

可以通过下面这张图测试一下你的感情认知能力。在括号中写出与图片相对应的感情词汇，然后对照一下正确答案。

答案：满足、喜悦、悲伤、震惊；紧张、不安、恐惧、惊愕；厌恶、愤怒、惊吓、忧郁

美国心理学家保罗·艾克曼（Paul Ekman）是一位犯罪心理分析师，他对这个领域做出了非常大的贡献。他通过研究发现，人类的表情多达万种以上，面部表情在全世界都是共通的，没有人种和民族的限制。

世界上的每个人都是通过面部肌肉的变化来做出表情的。当然，有些人的大脑和面部肌肉可能配合得不是十分默契，所以他们的表情看上去总是一副“哭笑不得”的样子。

艾克曼说，人类能够做出18种笑的表情，但其中的大多数都是假笑，它们通常表明这个人在微笑的面具下有其他的意图。但是牵动了眼轮匝肌的“杜乡微笑”（Duchenne Smile）却能让对方感受到真正的喜悦。

假笑

真笑

如果一个人经常做出“杜乡微笑”，那这个人有很大概率是个好人，但所有的话都不能说死，擅长“杜乡微笑”的人也有可能非常吸引异性，所以男女之间交朋友时还是有必要进行防范。换句话说，最会微笑的人，有可能是感情经历最为丰富的人。

虽然有人认为近些年国人（特指韩国人）的表情变得更为真诚了，但是我却持反对意见。压抑自己的感情表述依旧是亚洲人的通病，在复杂的社会环境下，人们渐渐变得擅长做出假表情来掩盖自己的内心。不久之前，一位客服中心的工作人员来找我做心理疏导，她在工作时总是面带着微笑给用户解决问题，然而微笑只是一层假面，实际上她患有严重的“微笑抑郁症”。她觉得有一种力量在控制着她，所以就算她伤心难过或者愤怒的时候也会逼着自己微笑。

西方人的面部曲线更为鲜明，做出的表情也比亚洲人更为明显。在教育发达的国家中，感性教育正是当前的热门话题，但是我们却没有接受过类似的教育，大多数人都面临着巨大的学业或工作压力，这使得我们常常对他人的表情漠不关心。同理，当一个国家处于困境中时，这个国家就会有很多人无法做出各种表情来表达内心的感情。因此，很多时候就算我做出了某种表情，对方可能也接收不到，同样地，我也很难读懂对方的表情。

这个问题并没有特别合适的解决方法。在冷漠的工作环境中，我们能看到的表情就那么几种，职场并不适合进行表情感知训练。

所以，我们应该在空闲的时候，多看一些好的影视作品，研究演员的表情，或者多欣赏一些艺术作品，试着让我们的内心回归平静。

勇于坚持
并表达自己的观点

润城辞去了原来公司销售的工作，因为他想找一份适合自己性格的工作，所以来找我做咨询，想让我根据他的性格给出一些建议。在进行了一系列的谈话，对他有了一定了解之后，我给了他几个职业规划建议，也自然而然地聊到了他的前公司。

润城以前的工作主要是医疗销售，他对这份工作不是很满意。他说虽然工资不低，但是事情很多，总是非常繁忙，同事之间的关系也不是十分融洽，或者说因为大家都很忙，所以根本没时间关心身边的同事。

"我真没想到自己还会遇到这种人。老师，你说他是不是精神病啊？"

虽然润城认为他们公司的总经理是精神病，但是根据润城的描述来看，我认为他们的总经理并不是这样的人。真正的精神病患者差不多占总人口的百分之一，在现实生活中并不是太常遇到。润城之所以有这样的认知，是因为他们公司的总经理共情能力的确比较差，无法了解员工的难处，道德底线也非常低；并且，他可能还有强迫症、严重的完美主义、愤怒调节障碍等心理问题。

这位总经理是重点大学工科出身，非常擅长制作网页，工作能力非常强，就连和大型医院签合同这种棘手问题他都能轻松解决。他手下员工的工作任务非常繁重，经常要加班，甚至忙得来不及吃饭，而他却还是不分白天黑夜地安排任务，像使唤下人一样使唤员工。十多名职员每天都要被老板唠叨无数次，还要因为他的坏脾气和责骂而备受折磨。润城在这家公司工作了三年，其间有十几名员工都不堪忍受这样的上司，最终选择了辞职。

留下的员工们只能一边安慰自己“所有的老板都是这样的”，一边忍耐，但是新来的金组长却打破了这份平静。这位金组长和总经理一样经验丰富，业务水平突出，刚来几周就完美适应了工作岗位，没过多久他就向总经理申请再招聘五名员工。听到这句话时，润城惊讶地睁大了双眼，“这种过分的要求都能直接说啊？”

总经理对他一下子就要招聘五个人的特殊要求勃然大怒。可是大部分的员工都选择站在了金组长这边，虽然加班能够拿到补助，但是他们更希望公司有更多的人手，能让他们好好休息一下。

总经理认为，在 IT 企业，加班工作是非常正常的。润城却觉得，他们公司根本就算不上是 IT 企业。没过多久，总经理和金组长之间的战火就蔓延到了润城身上。因为总经理把老员工润城和另一名职员叫到了办公室，并对他们进行了各种笼络和威胁，要他俩站出来反对金组长，说要好好打压一下金组长的气势，然后再雇用一两名新员工来解决人手不足的问题。

润城总是因为这件事被叫去总经理办公室。从此，他每天都感到闷闷不乐，上班的脚步变得更加沉重了。

“如果你这次能把事情解决好，我就升你当组长，你好好考虑一下。”

润城在多次和总经理交谈之后发现，总经理真的是个自私的人，他开始思考自己还要不要和这种人共事。最终，润城选择站在了金组长这边，他帮金组长做了很多事情，让员工们都团结在了一起。但是由于到了约定好的交货日期却无法交货，总经理和金组长当着员工的面大吵了一架，最终金组长递交辞呈离开了公司。

发生了这些事情之后，润城开始对自己的工作岗位产生了质疑。润城大学时读的就是销售专业，毕业之后也一直从事相关工作，但是现在他却认为这份工作不适合自己，于是他果断选择了辞职。

在与他沟通交流之后我发现，他很适合从事销售类的工作，上一段工作的挫折不过是因为遇到了一位不好的老板，并不是因为他选错了岗位。万幸的是在我们进行心理咨询的这段时间里，润城找到了新的工作。入职三个月之后，他发现原来世界上还有这么好的老板啊。金组长在这段时间里也组建了属于自己的公司，以前的很多同事都加入了这个新的大家庭，而润城由于非常喜欢现在的公司，所以拒绝了金组长的邀请。

我们为什么要挣钱呢？为什么要这么认真地工作呢？

当然是为了拥有更好的生活。但是千万要记得，如果一份工作不能支撑我们好好生活，甚至还会带来伤害，那么我们就需要果断放弃。人们选择辞职的大部分原因都是在工作的过程中受到了心灵的伤害，如果你也遇到了这种情况，就要果断选择退出。如果你暂时还不想辞职的话，也一定要让自己做好足够的心理准备，变得坚强起来。

我们需要拥有共情能力、表达自我的能力，学会尊重别人，这样才能成功抵御他人的指责。虽然我们每个人都不想受到责骂，但是遇到这种情况时我们首先需要尽量了解对方的想法，并且表示尊重，然后再恰当地表达自己的想法。

你可以把以下内容记在手机上，并且积极地去实施。

指责	回应
我讨厌你! 白痴! 败类!	看来你对我有很多不满啊。我也知道自己办事时有一些不妥之处，这次把事情办砸了我也觉得非常抱歉。你要不要对我说说你的想法啊?
你太坏了。	很抱歉我让你伤心了，我本来也是出于对你的关心才这样做的，没想到伤害到了你。你要不要对我说说你的想法啊?
你太自私了， 只想着你自己。	不好意思，我没有考虑到你的心情，你觉得生气也是应该的。做错了事情，我自己也觉得很难过。我还做过什么忽略你感受的事情吗?

有时候，就算你用上文介绍的方式说话也未必有效。如果你已经再三忍耐怒火，尽量平和地交流沟通，但是对方依旧冥顽不灵的话，那你就要“收拾”一下这份人际关系了。

所有人的腹黑指数都在一到一百之间，没有一个人是百分之百的坏人，也没有人是完美的，所以我们也应该改正一些自己身上的问题，适当地给他人一些宽恕。如果一份关系不论你怎么努力都无法改善的话，那么果断放弃才是最好的选择。

“因为你傻，所以我才说你是笨蛋啊”这种想法是错误的，因为没有人会愚蠢一辈子，我们应该相信，每个人都会一点点地进步。

那种认为“你就是不行”的思维定式是缩小人际圈、破坏人际关系的元凶。相反，相信“我们的关系会越来越好的，你会进步，我也会进步”的成长性思维方式，才会给我们带来幸福、快乐的人生。

每当我们心中的“恶魔”在不断挑衅，想要伤害别人的时候，我们就要在心中默念：

“虽然那个朋友总是犯错，但是如果我能好好引导他的话，他会改正的。”

Tips

让愤怒的内心恢复平静的方法

1. 生气的时候在心里默数十个数字。

2. 集中注意力、深呼吸，最好是慢慢进行腹式呼吸。

3. 要忍住怒火，等情绪平稳一些之后，冷静地分析自己生气的原因。

4. 用其他事情转移注意力。

5. 虽然对方让你生气，但是尽量站在对方的角度思考问题。

6. 想一想发脾气产生的后果，生气对每一个人都不好。

7. 寻找一些释放压力的方法，尽量不要发怒，比如说你可以去KTV尽情高歌以释放负面情绪，也可以去健身房运动。

8. 你要仔细回想一下，有时候是不是为了压过对方，或者躲避一些事情才选择生气的。

9. 尽量把让你生气的人当作和你不熟的人。因为如果一个人不了解你，就有可能做出惹你生气的事情。

10. 用更有创意的方式释放自己的能量。

11. 努力摆脱生气这个负面状态。积极进行思维终止训练。

12. 你可以去做一些能让自己开心的事情。

13. 静下心来写字，写什么内容都可以。

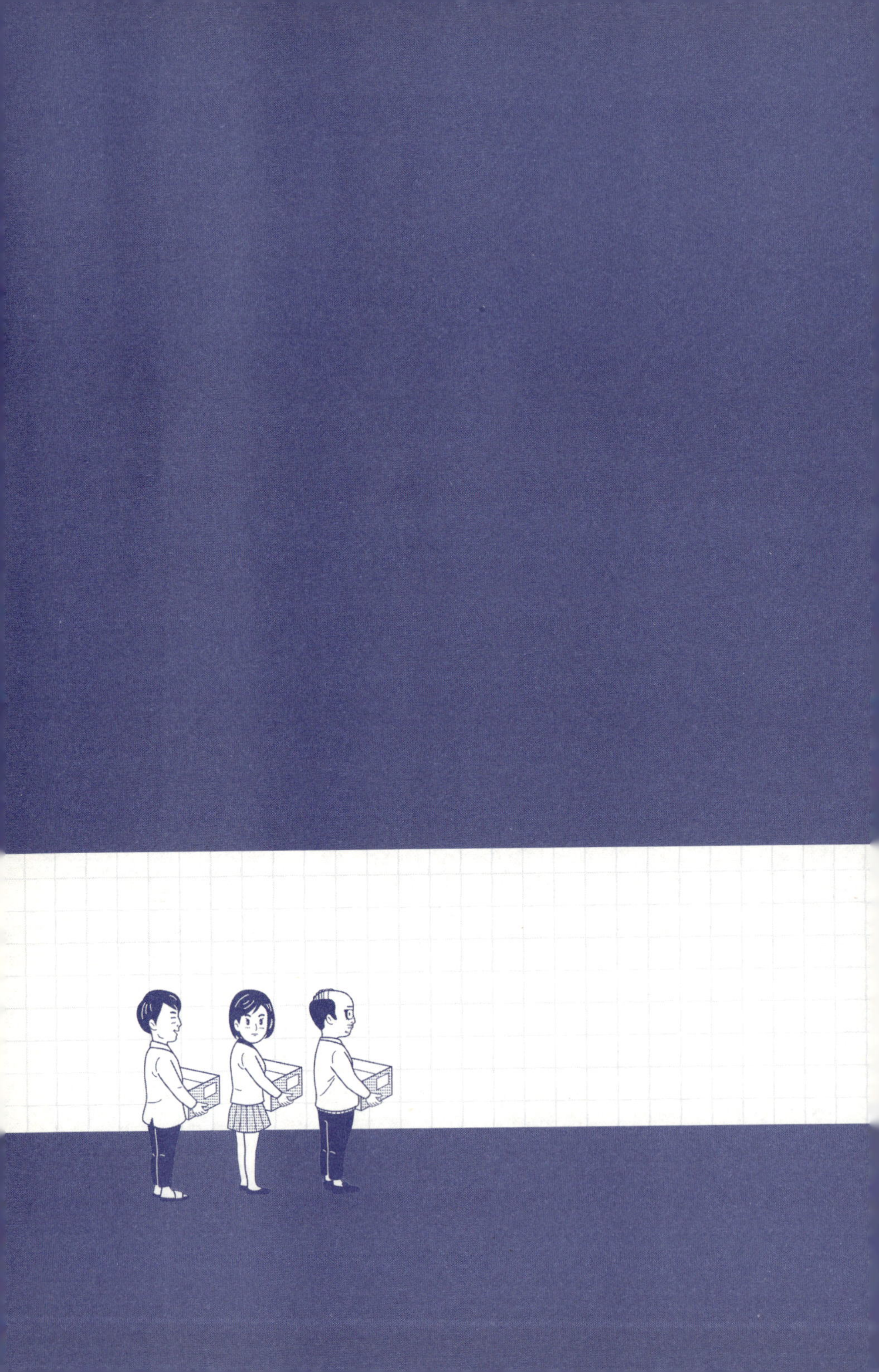

Chapter 2

深陷人际问题时，你执着不愿放手的真正理由

你很容易被他人说服吗

耳根子软的妍珠经常冲动购物，一到百货商店，她就会被售货员的各种销售话术所征服。“这是最后的机会了，活动马上就要结束了，这已经是今年最大的折扣啦。”每次听到这样的话语，她都会忍不住掏钱包买东西。

耳根子太软让她在人际交往方面更是遇到了很多难题。她身为公务员，却被身边的朋友欺骗，加入了传销组织，结果受到了严厉的惩罚；她购买的保险更是多到数都数不过来，每个月的工资几乎全部都要用来交保险金；丈夫不信任妍珠，甚至讨厌她。而这一切都是她太容易相信别人造成的。

像妍珠这样的状况，只要她学会一个方法，就能避免再次做出冲动的决定。这个方法就是，每当做决定的时候，都不要相信自己的第一直觉。除了运用这个方法之外，她还认真进行了思维终止训练，这是一种可以清除脑中某些想法的心理技术。我们可以跟着以下描述，一起尝试一下。

第一，了解是什么样的想法在支配我的思维。

第二，果断地告诉自己要停止这种想法。

第三，可以用橡皮筋轻轻地弹自己。

第四，想一些积极的、与当下想法完全无关的事情。

第五，集中注意力思考正能量的事情，直到这个不好的想法消失。

第六，如果不想思考其他事情的话，可以努力回忆一些自己喜欢的图像或者视频片段。

这个训练的难度其实非常高，但是当妍珠掌握了这个方法之后，她的生活发生了很大的改变，就连她暴躁的性格都有了很大的改善。

冲动思维和理性思维在大脑中分属于不同的控制区域，就像心里有两台马达在向相反的方向转动一样。通常情况下，冲动思维会惹祸上身，而理性思维则负责收拾残局。

自我合理化属于冲动思维。例如在《伊索寓言》中，狐狸几次试图摘取高高在上的葡萄都失败了，然而它说自己没有摘到葡萄的原因是葡萄没熟不好吃。

如果狐狸用理性思维来思考的话，就会是另外一个角度了："葡萄估计味道不错，但是我的能力不够，只能先放弃了。"这种理性思维才有助于我们找回内心的平静。

当我们冲动的时候，就要强制自己反复进行理性的思考训练，这有助于我们成为一个有自制力的、慎重的人，并且有助于我们拥有健康的人际关系。每当我们决定远离一个人的时候，也经常是因为对方冲动之下说的某些话吧？

人际关系的"失败者们"说错了话，伤害了别人，却常常不自知，甚至不明白对方为什么会避开自己。他们不知道自己轻描淡写的一句话已经变成了利刃，插在了别人心里，然后他们还继续在对方面前不断地说错话，不断地伤人。

相信大家都听过这项著名的实验。如果一个孩子能在十分钟之内忍住不吃眼前的棉花糖，那么他将再得到一个新的棉花糖。研究人员对参加实验的孩子们进行长期追踪，发现最终得到两个棉花糖的孩子，比只得到一个棉花糖的孩子过着更加成功的人生。自制力才是人生中最宝贵的财富。我们要充分发挥自制力，不要不经思考就把想到的话全都说出来，如果你能够经过思考再表达自己的想法，你就能成为一个社交达人，也将得到意想不到的收获。

下面这几条是我制定的私人人际关系法则：

1. 要痛快地付出，但不要贪恋回报。
2. 没有能够解决人际问题的万能黄金法则，我们需要仔细地观察周围的家人、朋友、同事，然后及时对各种人际问题作出应对。同时，我们应该不断培养自己的共情能力和沟通能力。
3. 要与有自制力的人相处，并且远离那些自制力不足的人。

如果你没有明确拒绝，刁难就不会停止

“智媛，这个策划案的内容依旧毫无改进，你得重新写。”

这是智媛熬了好几天才完成的策划案，听到组长的不满，她现在只觉得整个人有气无力，被人否定真是太痛苦了。智媛是完美主义者，做事的时候非常认真、从不马虎，所以很少出问题。但是有时候，不论她怎么努力，组长都不满意她的工作成果。

智媛总是无法接受别人对她的批评。现在的她觉得自己胸口压了一块大石头，让她难受得喘不过气。虽然只是策划案没有通过，但是她却觉得很伤心，自己付出的努力没有被认可，自尊心受到了伤害。对组长的怨恨郁结在心中，这让她根本没有心情好好工作，甚至不想面对组长，所以智媛经常躲着他。

和智媛有类似问题的人不在少数。被别人拒绝会让他们非常难

受，而且他们还不懂得拒绝他人。我在十几岁的时候也有这个困扰，后来我发现很多人都是如此。

我在给患者做心理咨询的过程中发现，有很多人的“拒绝敏感度”（Rejection Sensitivity）[①] 非常高，这有可能是先天造成的，难以拒绝可能是由基因决定的，就像我们很多人的性格非常内向，容易害羞和不安一样。

“拒绝敏感度”高的人，通常是因为担心被对方厌恶而很难拒绝他人，他们担心这样做会造成人际关系的破裂。而当他们遭到拒绝的时候，也会陷入低落的情绪中，产生消极的想法。他们因为害怕被拒绝，所以觉得人际交往简直是个大难题，仅仅是想象自己被别人拒绝就会难受不已，所以原本应该让别人做的事情他们都无法张口。

虽然“拒绝敏感度”是天生的，但是后天的经历也很有可能让这个数值进一步增高。如果一个人经常遭到父母态度强硬的拒绝的话，他的“拒绝敏感度”一定非常高，并且会让他有心理阴影，更加害怕被人拒绝。这些人经常会说这样的话：“我想做什么事情的时候，我妈就会拒绝，她只对我这样。”

---

① 译者注：“拒绝敏感度”是个体对拒绝的焦虑预期、准备性知觉和过度反应的一种倾向程度。有些人对他人的拒绝会产生过度的情绪及行为反应，甚至将他人模棱两可的行为也视作拒绝，从而影响到人际交往。

智媛被这个问题困扰很久了。她因为不想被别人批评，所以总会做出一些错误的选择。就算别人是为她好，提出了一些善意的忠告，她都会觉得那是一种指责。她的这个问题毁掉了好几段人际关系，造成了很多误会，就连她最好的朋友都因此离她而去。但是由于脆弱的自尊心，她始终无法向别人道歉，也就无法挽回关系。

不会拒绝的人不仅会危害个人的人际关系，还会给自己所在的集体带来麻烦。比如：完成某一项工作原本超出了自己的能力范围，却因为不懂拒绝而大包大揽。原本可以向他人求助，却总是犹豫不决，最后无法顺利地完成工作，给整个集体带来损失。

智媛认为自己的状态没有严重到需要进行心理咨询。但是为了集体的利益，她还是去咨询了相关领域的专家，努力改善自己的性格问题。

得益于此，她学会了如何区分刁难和建议，并且开始试着区分忠告和贬低。她终于发现：如果一个人只对你说好话，那么这样的人对你的人生不会有任何帮助。

智媛主要使用了以下几种方法：

· 就算是孤军奋战，也要充分表达自己的想法。

· 尽可能直率地表达自己的情绪和看法。

· 把日常生活中的感情变化记录下来。

· 最好让自己的想法变得积极向上。

· 在别人下达任务之前就把事情提前办好。

不要把别人的一次拒绝当作对方是在否定你的整个人生。提出否定意见的人，也可能只是对事不对人。当然，如果他反对你的每一个决定，那有可能就是对你有意见了。你需要仔细思考一下，对方当时到底是怎样的心理状态，并且应该积极和他进行对话沟通，解决问题。

我们不仅要学会接受他人的拒绝，也要学会拒绝别人，该拒绝的时候一定不要犹豫。你可以把它当作是一种训练，有意识地锻炼自己。拒绝对方的提议和意见并不是在指责或伤害对方，对方很有可能像作者本人一样，并不把一次拒绝当作是多么重大的事情。

如果你想拒绝一件事情，就痛快地说出来，千万不要忍着。如果你不愿意做某事，但却总是藏在心里不说，以后会更难拒绝别人，最终你就会变成一个“好好先生”，别人说什么就是什么。

其实我们并不需要害怕拒绝，我们应该树立这样的原则：承认正确的事情，勇于拒绝错误的事情。我希望大家都能在拒绝别人之后，不会过于愧疚。千万要记得我们每个人都有拒绝的权利，这就是自主性人生的起点。

我们必须承认自己的性格和心理状态。同时，我希望大家也能够慢慢承认自己是个对拒绝非常敏感的人。

在我们接受了自己的问题或者缺陷之后，可以向朋友或者家人求助。我们可以把他们当作谈话对象，直白地倾诉自己有一些厌烦、害怕、压力大的情绪。如果找不到合适的人选，你也可以通过写作来解决，在纸上写下自己不想遇到什么样的事情、害怕什么样的结果、担心别人有什么样的反应等，仔细思考自己写下的内容，考虑一下自己以上的种种想法是不是恰当的。

除此以外，我们还需要进行思维训练。有可能你大部分的情绪都有点过激，但事实上，你根本不必如此害怕和紧张。你可以去想象一下最坏的情况，提前做好最坏的准备，然后用文字记录下来。

经常被“拒绝”折磨的人可以参考以下这种记录格式：

· 如果对方拒绝了那件事，我会有什么样的感觉?

· 对方拒绝时我该怎么做?

· 如果我在那件事上遭到了拒绝，或者我要拒绝那件事的时候，应该怎么表达?

欺人者
恒被欺之

希静一路走来非常艰辛。她十几岁的时候生活很艰难，大学时又因为心理问题反复休学，好不容易才毕业。即便如此，她一直都积极地接受心理治疗。毕业之后她换了好几次工作，终于在几年前找到了一个令人羡慕的岗位。但是她依旧担心自己容易不安和急躁的性格会闯祸。读过我的书之后，她找我进行了心理咨询，说希望能够在我这里找到解决心理问题的方法。

希静的心理问题根源于她和父母的关系。父母给她带来的压抑感让她惶惶不可终日，直到现在她都怨恨着父母。虽然她能够恰到好处地处理每一件事情，但是她的人际关系网却是一片混乱。还好她从工作中得到了足够的成就感，提高了自尊心，足够相信自己的能力。

通过心理咨询，我发现希静几乎没有朋友，只和两个已婚的中学同学有联系。很有可能是因为她太想得到成功，自动忽略了和他人的交往。还有一方面的原因，她以前的生活太艰辛，早早就看透了人情冷暖。

我告诉她，朋友和爱人的安慰才能带来最好的效果。幸运的是她接受了我的建议，参加了几场聚会，慢慢开始感受人们带来的温暖。她在瑜伽课上认识了一个朋友，只比她大两岁，两人还一起相约出去旅游。手机通讯录中的号码在慢慢增加，她终于找到了工作和生活的平衡点。

只有以感情为基础的交往才能带来这样的效果。

我们每个人的内心里都住着一只名为感情的动物。不论我们怎么诱惑它，它都不为所动，但当它想做什么事情的时候，我们怎么都阻挡不了。其实，不是我们拥有它，而是它在操纵着我们。而真正有大智慧的人正是能控制住这个家伙的人。

但是有一件事需要我们非常小心注意。那就是我们不能随意触碰别人的内心，玩弄他人的感情。那些把别人的感情握在手里的心理操控者看上去简直就是社交达人，他们可能也会让你心生羡慕。但是我最近经常听到这些人失败的消息。他们在过去数十年间，不断研究我们这个社会的处事方法、人际交往方法以及心理操纵技巧，然后随意地对周围的人使用这些技能。

因此，他们逐渐失去了宝贵的友情，变成了没有朋友的人。在人们的青少年和工作时期需要经常与人来往，他们在这段时间里没有认识到自己的错误，等到他们年纪大了想要抽身的时候，才发现被当年的那些人际交往绊住了手脚。我知道有些人还不到五十岁，身边就没有可信任的朋友了。

我们绝不能成为心理操纵者，用谎言来和他人交往是注定不能长久的，只有真实才能维系感情。

现在我们的身边，依旧有通过操纵别人感情而获取利益的人存在。我们肯定也会偶尔叹息，为什么我不能像他们一样，反而总是在感情问题上吃亏呢？实际上，聪明反被聪明误，他们或许能尝到一时的甜头，但总有一天会失败。

现在的人们越来越聪明了，所以他们的骗局更容易被人拆穿。生活在繁忙都市中的每一个人，都会经常和自己不熟悉的人，甚至陌生人打交道。由于各种各样的原因，我们常常需要读懂对方的内心，所以我们非常渴求拥有看穿人心的法宝。

即使你和别人仅仅是工作关系，也不能在相处的过程中过度依赖心理技术。相反，越是工作关系，越需要真诚相待。没有给足对方信任，是很难达成商业合作的。

其实，我们真正需要的是能够与对方产生共鸣的能力，以及能够转变对方心意，让事情朝着好的方向发展的心理能力。

Tips

建立真诚关系的方法

1. 与人交往时，不要把利益放在第一位。好的心情能够促进事情的完成，而计较得失则会坏事。感情都是双向的，如果双方都在算计，那么这份人际关系最终只会走入困境。

2. 要持续向对方表达信任感。生活在这个复杂的社会中，人们之间都缺乏信任，而且在现代社会中，这种状况更是越来越严重。人们互相都不对对方抱有期待。因此，如果你想要获得一个人的好感，就要从一言一行、各个方面给予对方可信赖感。

3. 我们需要努力理解对方的想法，这也许会花费很多的时间和精力，但是我们仍然要想办法了解他过去的经历，以及他的价值观、爱好、喜欢的东西等。我们可以通过仔细观察他的生活细节来获得很多信息。为此，我推荐大家去看布赖恩·利特尔（Brian R. Little）的《突破天性》（*Me, Myself, and Us*），这是哈佛大学最受欢迎的人格心理学课。

4. 多笑一笑。正如前文中提到的“杜乡微笑”能让每个人都感受到内心的愉悦，我们要努力在各个场合中和对方多多交流，增加共鸣，这会让双方的关系变得更加亲密。

5. 当你和别人发生争执或吵架之后，要积极寻找沟通的机会。如果你在会议上把组员批评得一无是处，那么在会议结束之后，一定要努力找机会挽回你们的关系。感情很容易被消极的情绪影响，所以在对方还没有认定你是坏人之前，要争取马上挽回对方的看法。

6. 我们要变成积极向上的人。如果一个人的内心非常消极，还怎么能做到和别人积极交流沟通呢？那简直就是欺骗，所以我们内心的愉悦和快乐才是最重要的。当我们心情不好的时候，不如躲开别人，自己安静地休息一会儿。我希望大家都能学会控制自己的内心，争取让自己每天都有好心情。

7. 合适的媒介会给我们带来很大帮助。两人一起喝着热茶聊天，就比喝凉水更容易产生好感。就算你们只是工作关系，一起约着看场电影或者一起去爬山也能促进了解和感情的升温。但是如果你选择的事情刚好是对方不喜欢的，那情况就有些糟糕了。比如人家非常喜欢热拿铁，你偏偏要请人家喝冰美式，那么你可能很难给对方留下好印象了。

8. 如果我们付出了很多努力，对方一直没有给予积极的回应，那我们还是趁早斩断念想比较好。对方未必是坏人，但你们两个很有可能气场不和。

9. 你的请求千万不能给别人带来负担。大部分原本良好的人际关系都是因为这个原因而破裂的。我们应该互相帮助，如果我平时对他很好，而他发现我现在遇到了困难，那么他肯定会主动帮我的。如果他对我的困境视而不见，那么很有可能是我以前对他不够好，或者是因为他觉得我不够重要。

学会战胜身边那些嫉妒的化身

珍雅找到了一份新工作，工资不错，工作也不是非常辛苦，她觉得很满意。然而问题是，这个单位有一名非常有人气的员工，这个人总是对珍雅作出挑衅，因为她无法忍受珍雅分走了别人对她的关注。珍雅长相漂亮，魅力十足，从小就因为别人的嫉妒有过很多不好的经历，现在，那名员工非常想要夺回被珍雅抢走的关注。

然而事与愿违，珍雅没有男朋友成了最大的问题，组员中有很多单身的男同事。

他们对珍雅这个新面孔越来越关注，而那个女职员却受到了冷落，她的嫉妒心变得越来越重，总是把本该她做的工作推给珍雅，然后鸡蛋里挑骨头，欺负珍雅。她明目张胆地说珍雅的坏话，还让其他同事孤立珍雅，甚至还利用公司高层领导搞职场霸凌。

最终，珍雅因为无法忍受排挤选择了离职。

“她明明都有未婚夫了，为什么还不能忍受我分走男同事的注意力呢？”

其实，同性之间会自然而然地因为异性问题产生嫉妒心。这是一种天性，很难被控制，也很难找到释放这种嫉妒情绪的方法，所以很多人觉得只有直接表达出来才能让自己舒服一些。

人类的进化一直伴随着嫉妒情绪的发展。我们的祖先为了抢夺伴侣，让伴侣替自己养育孩子，会和竞争者发生很多争执，努力赶走对方。嫉妒使得生命得到了延续，促进了人类的发展。

如果在个人生活中你遇到了嫉妒心很强的人，可以直接选择绝交，但如果在职场中遇到了嫉妒的化身，就会非常麻烦。嫉妒心强的同事会让你身心俱疲。

越是好的工作，招聘面试时的竞争就越发激烈，大家很可能只是把嫉妒心藏起来了而已。万一有一天，你发现同事非常善妒，那么你就要小心自己的言行了，说不定你的哪句话就会诱发他的妒忌。如果你的同事中有这样的人，你一定要注意以下几点：

第一，你要随时保持冷静。如果你用怒火来对抗他的嫉妒的话，很有可能会造成不可收拾的局面。你需要学会受到攻击时能够维持内心的平稳，控制面部表情。

第二，如果听到他们在背后恶语中伤你，一定要学会自我排解不快的情绪。你可以给自己买一块美味的蛋糕，也可以约朋友一起谈心。我们绝不能成为职场残酷感情战争的失败者。你要好好照顾自己，并且在日常生活中培养自己的友军，为从容应对今后可能发生的战争做好准备。

第三，那些人不确定什么时候就会发动攻击，如果我们面对突袭时手足无措，事后深陷自责，反而是我们自己吃亏。所以我们要做好充足的练习，不论遇到什么样的刺激都要保持镇定，尽量不给他们回应。当然，任何人遇到这样的事情都会愤恨不已，但是愤怒却是最伤身的。希望大家能够学会本书第一章 Tips 提到的“让愤怒的内心恢复平静的方法”，保护好自己，不要被愤怒吞噬。

第四，轻视他们。大部分容易嫉妒的人都十分缺乏他人的关爱，这样的人多么可怜啊。我们不必给他们送礼物或者请他们吃饭，送给他们一句“真可怜啊”就足够了。

第五，有时我们需要指出他们的错误，对方可能会怀疑我们是怀恨在心，恶意报复。所以在实施之前，一定要慎之又慎。要充分解释清楚前因后果，明确地指出问题所在。有可能不论你怎么解释都没用，对方完全不听你说话。但是如果没人指出他们的错误的话，整个集体或许都得遭受危害。我希望大家都能够勇敢、慎重地说出自己的观点。

第六，有可能你买一个漂亮的包都会诱发他们的嫉妒心，所以做人还是低调一些比较好。你可能会觉得，为什么我要活得这么憋屈呢？但是在职场中，让你郁闷的事情何止这一件呢？如果你觉得小心翼翼处事太累了，只想放任自己，为所欲为，那你很有可能会跌入别人的陷阱中，这就是职场生活。

第七，如果事情发展到你无法忍受的地步，你就果断告诉他们适可而止吧。他们可能比你想象中要软弱得多，你的警告可能会非常有用。当你觉得忍无可忍的时候，你必须斩钉截铁地阻止他们，不用担心你的行为会不会奏效，做出不让那些人继续肆意妄为的行动是最重要的。

第八，你要学会察言观色，了解他们的性格。不用气愤，也不必施舍同情。你要这样想：他们本来就是那种人，所以才会做出那种事，所以完全没必要和他们较真。

别再当
他人的陪衬了

因为洪组长的存在，准基从入职以来就没过过一天踏实的日子。在完成了重点大学的学业之后找到了一个很好的工作，准基原本非常高兴，但是他没想到，会在单位里遇到这样一个折磨自己的同事。其实小组中还有一位患有愤怒调节障碍的同事，他知道自己无法控制怒火，并且也因为性格问题离婚了。如果洪组长像这位同事一样经常发脾气，准基反而觉得还能忍耐，但是洪组长的行为却让人更加无法接受。

“你不是说自己没有女朋友嘛，那你大周末的在家闲着也是闲着，还不如来帮别人工作。你看我也来加班了，多公平啊。”

洪组长经常在凌晨或是深夜给准基安排工作任务，甚至有时还让他帮忙做一些私人的事情。这种人完全不会站在别人的角度思考。当洪组长因为工作业绩优秀受到提拔的时候，准基简直就要气炸了。

“他那种人也能算是工作能力优秀？他甚至还能结婚？我在他身边工作都已经这么累了，要是每天和这个精神病一起生活，得是什么样的心情啊？”

准基在入职之前心理一直十分健康，但是最近他却觉得自己要抑郁了。他很担心自己是不是有“好好先生”的隐藏基因，所以来找我进行心理咨询，经过一系列检查之后，我发现他真的备受折磨，甚至马上就要得抑郁症了。

精神病是一种精神方面的问题，患者往往完全不能理解他人的痛苦和担忧。这种情况又被称为“零度共情”（Zero Degrees of Empathy）①，成功人士的患病概率比较大。英国的一项研究结果显示，知名企业的CEO中患有精神病的比例已经达到了3.5%，是平

① “零度共情”患者缺乏共情能力，不接受他人的反驳，毫不顾忌自己的行为和语言会对他人产生什么影响。

均值的 3.5 倍。

虽然洪组长并不像准基想象的那样患有精神疾病，但是他的确缺乏感情的共情能力。

在我的帮助下，准基开始练习如何坚定地表达自己的看法，尽量不去看对方的脸色，用最合适的语言表达自己的情感和想法。一个月之后，准基开始了他的反击。

那天，准基准备的企划案在公司中受到了一致好评，但是洪组长却又开始找碴儿。

“但是，你这个消费趋势分析的资料有点儿不真实吧？”

准基就像准备好了一样，还没等洪组长的话音落下就予以了反击。

“大家都觉得这部分没有问题，只有组长一个人觉得不对。那干脆组长亲自来做这个工作吧？”

准基觉得洪组长当时的表情非常精彩，他甚至想要拍照留念。那天晚上准基心情出奇地好，甚至睡了一个久违的好觉。

这件事情之后，准基又做过几次反击。当面对感情共情能力低下的人时，我们反而要更加强烈地表达自己的想法。只有这样才会让那些人把他人的感受记在脑海中，使他们收敛一些。

没过多久，洪组长就像变了一个人一样。虽然他还是经常说一些不合时宜的话，但是当他和准基交流的时候，会小心翼翼地观察准基的脸色。

在职场生活中，我们经常因为那些感情共情能力低下的人受伤。他们看不懂别人的想法，也不会换位思考，给我们造成了很大的心理负担，但实际上，这些人几乎没有什么太大的恶意。

“这种事情，傻子都能做好啊。”

你看，他说出这句话之后并没有什么表情，因为他根本没有发现对方现在是什么样的心情。

其实就算是精神病患者也是有一定的感情共情能力的，只是他们不会使用。这感觉就像是强迫一个毫无绘画和艺术天赋的人在美术馆中待好几个小时一样，他们会因此非常痛苦。那些让我备受折磨的领导、同事、晚辈们的病情如果没有严重到需要入院治疗的话，那他们都还是有一些感情共情能力的。因此，我们要用更大的力气刺激他们的感情接收器。

“组长，您要是这样说的话，李主任会很难过的吧？”

“金科长，虽然你这样说没错，但最好还是考虑一下对方的心情！”

“郑主任，虽然他是新人，但你也不能这么欺负他吧？”

我们就算为了自己，也要适当地提醒他们。他们并不会因为这种尖锐的指责而受到心理冲击，所以你完全可以放宽心。总之，我们要鼓起勇气，让我们的工作环境和我们的同事变得更好。

坏人哪里都有，有的人是生性本恶，有的人是误入歧路，还有些人是因为看不懂别人的想法而一直伤害着他人。甚至还有最坏的一种情况，那就是这个人对其他人都很好，唯独对你有意见。如果你们是私人关系，那我劝你尽快远离这种人，除非你是心理医生，否则其他人根本不能让他改变，要不然，他的父母和伴侣早就做到了。

然而，这种问题主要出现在职场生活中，所以我们必须要像准基一样，坚持表达自我，给自己建立一张防御网。就算有些话会让你说着不舒服，你也不能退缩，一定要继续坚持。这种人以前肯定已经听过很多难听的话了，所以你的话最多只能让他们产生“我以后说话要注意一点儿”的想法。就算他们有点怀恨在心，事情也不会发展到不可挽回的地步。

如果我们想在艰难的人际关系中站稳脚跟，不受伤害，就要勇于和那些肆意毁坏我们生活的坏人做斗争。当无法躲避的时候，我们就要选择挺身而出。人与人之间的事情没有确定的发展方向，我们很有可能在不经意之间就能取得胜利。

所以，无论在职场中还是个人生活中，我们最重要的工作就是保护我们柔软的内心不受伤害。心灵的损伤最为致命，会影响我们的生活、工作、人际交往等各个方面。在杀气腾腾的人际关系丛林中，保护内心不受伤害才是最为重要的。

你要注重的是真关系，而非假关系

一直用 2G 手机的我，最近出于种种原因买了一部智能手机，使用手机的时间也随之大大增加了。这种感觉就像是小孩子第一次尝到了甜甜的糖果一样，我无法从手机屏幕上移开自己的视线。现代人的独特精神世界催生了多样化的上瘾症状，而智能手机进入我们的生活还不到 20 年，就吸引了无数人的注意，这种现象让人倍感惊奇。

你的生活是怎么样的啊？如果你一天中有 2 小时以上时间在使用手机，你就要怀疑自己是不是过度依赖手机或对手机上瘾了。

英国人创造了一个新词汇叫“无手机焦虑症”（Nomophobia），把“No”与智能手机（Mobilephone）和恐惧（Phobia）相组合，就产生了这个新的词语。拥有这个问题的患者在出门忘带手机时就会感到不安，严重者还会伴随着恐慌症。全世界约有数千名“无手机焦虑症”患者，接近 30 岁的玄真就是其中之一。

最近几年玄真经常跳槽。伴随着“无手机焦虑症”的症状越来越严重，她主动提出了离职。以玄真的工作经验找一个不错的岗位应该不成问题，但是她并没有用心寻找新的工作，而是每天沉迷于智能手机的各项功能之中。

在之前的公司里，玄真被高强度劳动困扰，上司把职员当成了机器的零部件，周末还要他们加班，玄真始终没有休息好，一年 365 天她天天都要在电脑前面工作。设计不再是发挥艺术才能的职业，而变成了辛苦的体力劳动。

通过咨询我了解到，她不能休息的实际原因是她动不动就用手机进行网购或看网络漫画，后者更是她生活中最大的乐趣。毕业于美术专业的玄真，会比其他人更细心地观察图画，由于想要成为一名网络漫画作家，所以她看网络漫画的时间总会比其他人更长。

而看完网络漫画之后，就很难再集中精力工作。除此之外，她还要追剧、看娱乐新闻、网上购物，这样一来她的工作时间总是不够，所以总是需要熬夜工作。而且，她几乎每天都沉溺于聊天软件，经常和朋友们讨论公司上司以及没有礼貌的同事等人的八卦，她觉得这件事情真是太刺激、太有趣了。时间就这样飞逝而过。

由于和朋友之间无法经常聚会，她就会在网上购买心仪的物品直接邮寄到朋友家中，所以玄真在朋友之间很受欢迎。

因此，她的时间不够用是必然的，尤其是工作的时间远远不够。

离职前的那段时间她因为熬夜和加班经常吃夜宵，导致体重增加，几个月的时间整整胖了 15 公斤。她因为变胖不想与人见面，朋友介绍的相亲也一直在推迟。

玄真的直属上司总是埋怨她工作不称职，她辛苦完成的设计也总是被退回来重新做，这些都让她产生了严重的挫败感。平时善良的玄真最终还是无法忍受，与上司发生争吵之后递交了辞呈。

她说这一切都是因为看了太多的网络漫画造成的，其实她的这个想法是错误的。与人见面度过快乐时光的欲望才是罪魁祸首。玄真跟闺蜜已经有一个月没有见过面，并且她三年没有谈过恋爱了。她的生活中缺少了对人类最原始的关系的需求。

玄真找到我的时候已经不仅是手机上瘾，而且对食物也严重上瘾。她没法与朋友见面，来自上司的压力只能通过网络和食物来发泄。

我教给她一些调节情绪的训练方法。幸运的是，玄真在咨询期间找到了新的工作，她按照我培训的内容，去试着提出自己的想法并去与人沟通。不会跟上司说“不”的玄真变了，手机上瘾的问题也由此慢慢地解决了。

女性的同感能力比男性高出 15% 左右，负责同感能力的大脑细胞也会多 15% 以上。因此女性更容易对社交软件上瘾。

我们每个人都很容易成瘾。成瘾通常是缺失所致。人人都有因为愿望没有达到预期，而去寻找通过别的事物去弥补的时候。

无论是理所应当的欲望还是不好的欲望，都需要寻找适当途径去发泄。例如，胜负欲望不应该去赌博网站发泄，而应该通过打网球或长跑等体育运动来发泄。

如果是对社交软件上瘾，那就需要查看一下自己的关系欲望。首先，检查一下你对社交软件的依赖度。以下 10 个句子是对来访者的上瘾自检测试。在“____”上填写让你执着的对象即可。如果“____”是社交软件，那这项自测就是关于社交软件成瘾的。

1. 做____让你感觉时间过得很快。

2. 在自己不忙的时候，总会想起____。

3.____需要使用比之前更长的时间才能得到满足。

4. 越来越觉得做____的时间变短。

5. 做____的时间越来越长。

6. 试着调节控制过，但是无法控制做____。

7. 想着不要再做了，但还是会做____。

8. 如果做不到____就会觉得不安、烦躁、生气。

9. 因为____导致工作中的困扰。

10. 因为不能做____感到心很累。

如果以上条件有3个符合，那就是依赖状态；5个以上，则需要怀疑是成瘾；7个以上，那很遗憾，你已经达到成瘾的阶段。也许有人说，还好自己只有一两个符合的条件，但事实上，只要以上条件中有符合的，就不能掉以轻心，需要定期督促自己，降低使用社交软件的频率。

社交软件成瘾的益处远比坏处少得多。将使用社交软件的时间用来和朋友见面喝茶会更好。并且，通过社交媒体得到的满足感大多数也是假的。你以为和对方的关系挺好，但是实际并非如此。在社交软件上面上传大量的文字、图片、表情符号，还不如与那个人见一个小时的面，通过表情、动作和语言相互交流。

并且普通人的故事并不像明星的新闻，无法得到太多关注，因此需要投入大量的时间去吸引关注。这意味着会浪费大量时间，形成恶性循环，这是我们需要把精力花在真正关系上的原因。

Tips

摆脱成瘾，活出自我的方法

1. 详细记录一天进行了多少与自己有关的行为，最好以日记的形式呈现。

2. 尝试去做能够代替成瘾并可以带来快乐的事情，如读书、烹饪、写作、听音乐、见朋友等。

3. 忍住令你上瘾的事情并进行训练。失败或无法坚持也要反复挑战。

4. 通过健康的日常行为如林间散步、养宠物、学做饭等积累控制能力。在心态平稳的时候制订一天或一周的计划。

5. 让最亲近的人知道你的情况，与他（她）一起看电影或聊天。

6. 将自己感兴趣的一些事情写下来。

7. 阅读跟成瘾有关的权威性书籍，假如是食欲和肥胖问题困扰了你，可以看看苏珊·阿尔伯斯（Susan Albers）的《吃货的50种情绪减肥法》（*50 More Ways to Soothe Yourself without Food*）这样的好书。但是要找到有关社交软件成瘾的书可能会有一些困难，由此可见这是一个新的成瘾类型。

8. 参加读书小组。20 多岁时，我曾经参加过五六个读书小组。由于性格羞涩，我无法与人正常交谈，但是通过这段经历提升了社交的能力，从听别人的故事中学到了许多东西。这是我人生中记忆深刻的经验之一。

只有先提出需求，你才能得到你想要的

前几天郑敏因为新闻内容与同事发生了争论，最终以失败告终，这件事让他气愤不已，甚至无法入眠。他从初中开始就因为无法很好地说服别人而感到困惑。缺乏口才是他最大的问题，所以他还报名参加过口才训练班。

最近像郑敏一样的人正在慢慢增加。论争过程中说不过别人本身并不是什么大事，让一让又能怎么样？但是现代社会已经成了只有说服对方才能生存的世界了。我的想法或策划方案需要说服对方使其接受，我的产品需要卖给对方，因此我们逐渐成了“说服型人”。同时，我们也慢慢变成了很难被说服的人。

有人问过我说服别人的技巧，我推荐丹尼尔·平克（Daniel H. Pink）的《全新销售：说服他人，从改变自己开始》（*To Sell Is*

Human: The Surprising Truth About Moving Others）。无论卖什么东西都需要极大的说服能力，这本书认为成为更好的销售人员的关键三要素是认同、明确性和恢复力。

需要恢复力的是时常遭到拒绝的销售人员，他们需要像不倒翁一样重新起来。如果你是一个对拒绝非常敏感的人，那么你就需要适当地确认自己的性格能否接受连续被拒绝。

明确性是认知现在的情况和产品特征，判断对方需求的能力。即使是在学校里学习的也是这门技术。

丹尼尔·平克认为“认同”这个词很重要，而这也很吸引我。给人推荐这本书的时候我会提醒对方注意阅读“认同”部分。这部分告诉我们如果对方同意我的看法，则实际上胜局已定，即便不是如此也是成功了一半。

但是“认同”并不是一味地听从，我们用“适应”来解释会更好。丹尼尔·平克所说的“认同”是自身的行动和间接与别人配合的调整，在有限条件内做出理智的改变。

如果想让对方尊重我的意见，需要先判断并接纳对方的意见，有时需要提供能够改变对方想法的信息或意见，有时也需要适当地模仿对方。

丹尼尔·平克指出销售人员在这种情况下会像变色龙一样改变自身的颜色。试验结果表明，如果你模仿对方的行为举止和说话方式，则很容易与其建立更好的关系并且更快地说服对方。这便是“变色龙效应”。

于是我给郑敏开了处方，我让他在看电视的时候模仿人物的语言或行为，等他熟悉了这些语言和行为之后再应用到实际的人际关系上。刚开始他感觉相当费劲，但是没过多久他就对同事的语言和行为模仿得越发自然了。比如，有个同事说“出去办事刚回来，可真累啊”的时候，他能够做出相同的表情说道：“是啊，很累的样子啊！”

模仿行为可以让他人感知到“对方在听我的话”“对方对我的想法感同身受”，让对方产生亲密感。因此意见更有可能被对方接受。

同感是认同的核心，也是认同的第一步。首先对方的话需要用心聆听。用心聆听的意思是准确记住对方提供的信息，不仅如此，还需要抓住对方传达的情感信息，并迅速地做出接收反应。即便是和对方不熟悉也没事，只需要让对方知道我在关注着你的感受，并将此信息用语言、表情和动作表达出来即可。

“昨天加班加到很晚，太累了！”“是因为写上半年报告？”如果有人向你表示疲惫，那么你不要只做出这样苍白的反应，而是要给出一个同情的表情。

“一夜之间脸都变瘦了，很辛苦吧？今天早点儿回去休息。”

这样说会让人感觉好很多。

为了说服对方，需要进行感情上的交流，其中确定性的感情交流很重要，而用消极的交流去说服对方并不能得到很好的结果。

给郑敏讲这些故事的同时，我也询问了他与同事的关系，他说有位同事喜欢斥责自己，他对此感到头痛。但是郑敏却不知道同事为什么会那样做。我是这么分析的：对方对郑敏的某些方面感到不满，有着不好的情绪，因此对他说出的话也会故意挑刺儿。

郑敏之后和那位同事单独喝了酒，发现他对自己有很大的不满。因为之前需要交给他的文件被郑敏拖延了好几次，同事为此多次感到为难。

那天通过喝酒两个人的关系拉近了点儿，之后郑敏多次向对方示意和好并积极地沟通。

有一天，他和同事们因为当下热点社会问题展开了口舌战。

郑敏持反对立场。科长和两个男同事固守支持立场。聚餐开始，讨论就达到白热化阶段。有一位郑敏平时比较在意的女同事在旁边看着，所以郑敏觉得这次争论可不能输。

当时那位同事支持了郑敏的观点。友军多了一个人，就像是得到了千军万马的支援一样，结果郑敏最终在这场讨论中胜利了。

进化心理学表明，当女性在旁边的时候男性喜欢夸夸其谈，这是想把自己的口才炫耀给异性看的本能所驱使的。也许想炫耀性魅力的本能需求才是进行论争的真正原因。在女性听众的面前取得争论的胜利，郑敏露出了胜利的表情。

总之，与同事的关系改善，使得郑敏能够说服其他人。有了感情交流，他就能够轻松说服三个人。

Chapter 3

整理关系会让工作和生活变得轻松

关系失败者与关系达人，你是哪一种

许多人都有参与人气投票的经验。人气投票是判断集体关系趋向的好办法之一。不过不能只选一个喜欢的人，两三个人才能明显地显露出关系趋向。比如，选出在投票小组成员中自己与谁的关系最好，然后将结果图表化。

心理学上将其称为“社会关系网图”（Social Network Diagram）[①]。这是在组织内确认亲密度的有效方法。组织一个小组，几个月后用这种方法进行测试，小组成员之间的关系状态就会显现出来。

---

① “社会关系网图”是指把成员彼此的关系用图形的方式表示出来，它可以使人们十分清楚地看出每个成员在群体中的地位。

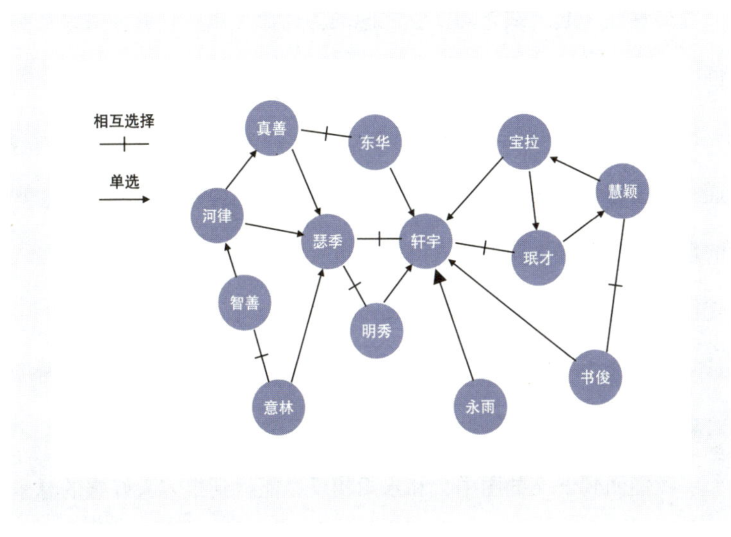

通过这个图，我们发现永雨可能是被“霸凌”了。因为没有人回答喜欢他或与他关系好，如果我和永雨一个处境，肯定会感到震惊和难过。我们通常会说永雨处理人际关系的能力不足。但是他处于这样的处境通常会有较为复杂的原因，我经常会见到像永雨这样的人，他们人际关系不好的原因比我们想象的要多。

首先是性格原因。天生内向而缺乏自信的性格、过于敏感的性格都无法形成良好的人际关系。然而社交能力没有得到充分培养也会导致人际关系困难，也就是说经验不足才是最主要的原因。

在男女混合的小组中原因更为复杂。通常的情况是，男性不了解女性的心理，女性也不明白男性的心理，从而形成沟壑。而且，只和男性在一起，缺乏与女性之间的沟通而无法建立异性关系的男性，比我们想象的要多。

再加上还有心理上无法接近人群的人。没法与父母进行圆满沟通，或小时候有被欺凌的经历都会让处理人际关系变得困难。悲观的世界观也会成为问题。人际关系也会有悲观的取向，抱有“与人交往有何用”的想法很难得到对方的好感。

认同能力不足也是一个原因，认同能力缺乏的人是人人躲避的对象。就算公共关系勉强形成，私人关系也会难以维系。

我们回到上文的图中，和永雨相反，能得到很多人好感的瑟季或轩宇，是所谓的人气女生和人气男生。也许有人认为成为像他们一样的人会很麻烦，但是大多数人还是会希望得到人们的认可和关心。追求认可是人类普遍拥有的心理。

智善和意林并没有得到很多人的好感，但是相互间有好感，这也是不错的。只要有一个关系好的朋友，组织生活就不会太困难。有人认为这样的趋势最为合理。

你的各种人际关系将无限重组“社会关系网图”，热热闹闹得像排队一样。有些关系可能会急剧变化，也有些关系会像小学同学一样亲近不变。

“社会关系网图”公开后会让很多人感到没面子，因此将其公开调查的情况是很少见的。因为它存在人缘受到损害的可能。因此在我所属的团体里大家往往不是很清楚成员间的关系。智善和意林关系好，永雨被霸凌，瑟季人气很高，这些只是大概的推测。

但是不能盲目下结论。谁能真正地看清楚别人呢？对方真的喜欢我还是在利用我？别人对自己是真喜欢还是装作喜欢，当时往往都无法辨别出来，事后才能知道原来那个人的好意是假的，这时气愤和懊恼会直达胸口。

我们生活在人际关系中，没人能孤立地生活，一个人至少会有五六个公私圈子，有人能在各个圈子里精通人际关系，相反也有在家人或同学圈子之外就无法维系人际关系的失败者。丑话说在前，我们不能成为人际关系的失败者。

有人因为在社交上付出了很多但是总得不到好的结果而感到失落，也有人从头开始就没有重视人际关系而早早远离了周围人。

每个人有自己的情况，但是我们往往不能忽略后天因素。在发达国家，社会能力被认为是一项重要的才能，但是我们的社会更重视其他能力。我们大多数人在需要培养社会性的学生时期只专注于学习，甚至没有交朋友的时间。许多人最后成了能做好数学题但是维持不了人际关系的人。

“不同社会”并不是一个借口，但是也不要太失落、自责，维系关系的能力也是可以通过努力获得的。能力不够可以多练习，所以现在需要的是在人际关系上花点儿精力和时间。

不过，有一点我想嘱咐一下大家，人际关系能力并不是用来花言巧语让人高兴，以取得最大利益的。这样的相处方式反而会带来人际关系的问题。人际关系能力指的是，通过圆满沟通协调矛盾，用积极的情绪交流与人相处的能力，而不是雕虫小技般的处身术或待人技术。我自己也是投入了大量感情，才锻炼出维持感情关系的能力的。

想成为关系达人需要培养关系感情能力。紧闭着的感情之门在沟通中扮演着重要的角色。关系感情的培养，需要注意以下几点：

需要判断自己处于什么样的人际关系中，观察一下这段人际关系是可修复的，还是不可修复的。一个人的关系感情能力是有限的，并不能无限使用，因此我会先将值得使用关系感情能力的人际关系确认下来，找出其中需要下功夫的关系。然后再判断其余的是应该继续下去，还是放弃。

关系感情能力也能通过每日训练得以成长。一旦寻找到联系对象，就可以进行一次一小时左右的持续训练。训练结果需要进行汇总，什么样的努力带来什么样的结果，这需要细心观察一下。

结伴同行的人，
需要放弃的人

爱情、希望、支持等感情是有利的，而讨厌、嫌弃、妒忌、愤怒等感情会带来负面影响。但是人际关系不能只用积极的感情来维持。

譬如你身边有一位言行恶劣的人，这样的人如何用适当的方式与之相处？讨厌、愤怒和厌恶的情绪是如何一直存在的？

因为讨厌对方而去浪费时间和精力是不值得的，但也不能对害群之马置之不理。一只泥鳅会让整条河水瞬间变浑浊，因此我们不能放松警惕。对于这样的人，要想干干净净地断绝关系是不可能的，但也不能停止为保护自己和团队中的其他成员而继续做出努力，要赶紧把这只泥鳅放进鱼缸里。

但是如果他是上司该怎么办？和尚厌倦了庙就要离开，这是事实。韩国离职率高的原因也是如此。

但是相应的处理方法还是有的，如果不得不留下来的话，可以用冷漠和务实来保护自己以阻止他进入我的私人世界，这是守护感情的最后一道防线。对需要关心的人则给予他更多的关心，不需要的则保持距离，防止出现不和谐的声音。

但是，当我们的冷漠被对方察觉到时也会引起新的摩擦，因此需要多多留意。有人会享受冷漠，有人会对此表示反感。

比冷漠和无视更有效的方法是偏爱。与其在不喜欢的人身上投入精力，还不如多与喜欢的人见面。冷漠处之是理性的，偏爱则完全属于感性领域。危险时刻如果需要拯救自己的孩子和陌生人，你肯定会选择救孩子。职场上只要有一个值得偏爱的人，那就敞开心扉去接近他吧。有人会认为公平是最好的，但其实不是如此。

一位 30 多岁的女性长期在我这里做心理咨询。她的父亲是教师，父亲对她和其他学生都是平等对待的。不，他对学生付出很多精力，但是对自己的女儿则马虎敷衍，总是以工作为借口，忽略了与女儿相处的时间。这带给她的是自我被否定的感受，也让她留下了心理伤痕。

人际关系中选择沟通很重要。对一个人来说重要的人很难超过

10个，如果其中包括家人的话人际关系则会被等级化。

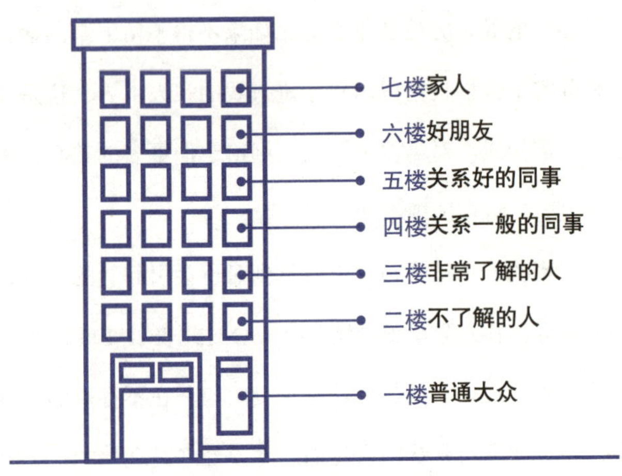

上面的图是我经常给来访者看的人际关系图，楼层越高等级越高。

画这张图的时候最难的是“需要敬而远之的人”该怎么处理。有些人虽是家人却讨人厌，同一个办公室的同事中也有非常让人讨厌的人。与他们共同生活或工作需要一些必备的小技巧，下面我来介绍一下。

人际关系图中每个楼层的人如何放置是可以自己决定的，但是楼层之间的差别化是无可避免的。明确来说，结婚并不是在完善人际关系，婚姻只是一个选项而已。英国的一项研究表明，已婚人士和单身者的幸福指数几乎没有区别。我与一位没有结婚经验的女性有过对话，她对自己的生活很满意。她在工作、人际关系、自我反思等各个方面都让人赞不绝口。而且结婚也有可能是通往不幸福的道路，没有建立和睦家庭的坚决意志的话，就不要轻易结婚。

如果你没有对象和子女，投入人际关系的时间是很充裕的。只把我陪伴妻子和孩子剩下的时间用在人际关系上，这是我的人际关系原则。尤其是用在孩子身上的时间丝毫不能吝啬，周末我除了家人外几乎不见别人。

如果你没有结婚但是有恋爱对象的话，把用在爱人外的时间好好分配即可。如果也没有恋人，那你在人际关系上是“时间富人”。富人有富人的潇洒，好好享受人际关系，多多参加各种组织活动。

把需要投入时间的人际关系筛选出来，注明它所需的时间和重要程度。比如，和老朋友去国外旅行这件事上所需投入的时间和金钱。

而且好朋友需要格外的照顾，需要在他们身上多花时间和精力，有时候需要投入金钱，因为良好的朋友关系是你精神健康、快乐生活、保持工作与生活平衡的保障。

友情就像存款、保险或投资一样，能帮你过好老年生活。想象一下没有朋友的老年生活会有多悲惨。在空气好的地方建一个田园别墅，里面装修得很好，却没有朋友来拜访，这能说是幸福吗？曾有一位富有的70岁老人来向我咨询，他的身边没有人陪伴，这是他得抑郁症的重要原因。

人际关系的长期计划是人到晚年还有人心甘情愿拜访自己的田园别墅，不是吗？我们需要在学校、工作、社会生活和兴趣爱好的圈子中找到知音。

当我们对待别人的时候会给自己罩上一层保护层，城市中的人际关系还需要穿上防弹装甲，对方如此我也如此。我们都不会轻易给对方腾出位置，一般情况下也不会轻易给出好朋友的位置。假如换了工作，从此之后同事关系就会结束，而换了工作还持续见面的同事关系是史无前例地罕见了。所以现代人是孤独的。

为了深入对方的内心深处，我们需要比过去做出更多的努力。交一个新的朋友很难，维持朋友关系更难。很多人际关系在相遇和离别中结束，昨天是朋友，明天就说“再见”的事比比皆是。

所以我们需要对我们心仪之人更加温柔，一起度过尽可能多的时间，聪明的人早就知晓这么做的重要性了。

美国人最爱的作家、《瓦尔登湖》的作者亨利·戴维·梭罗（Henry David Thoreau）和思想家拉尔夫·沃尔多·爱默生（Ralph Waldo Emerson）是一生的挚友。两个人对待友情的态度带给我们很大的启示。

就像对待药草一样照顾贫穷，重补旧衣回到老朋友身边。万物皆变化，唯有友情不变。

——梭罗

获得友情的唯一方法是自己成为完整的朋友。

——爱默生

Tips
对讨厌之人敬而远之的方法

1. 感情是自然的，会自然生成与消失。不愉快的感情也是如此。
2. 10 年后对方的行动和话语还会对我的生活带来很大影响吗？当然不会。所以不要管对方怎样，他会继续走他的路。
3. 用定量法测量一下受伤害时的感受。假如满分是 10 分，讨厌是 5 分，愤怒是 6 分，不满是 8 分，记住，你的感情不要超过这些数字。对于他人的错误产生讨厌和愤怒是不存在适当值的，因此要自我制定界限，不要浪费感情。
4. 用缓慢的步伐走路。持续 10 分钟就足够，期间不要去想对方的言行，把精神集中在自己的每个动作和呼吸上。
5. 缓慢地吃食物，一口一口咀嚼，嚼口香糖也可以。将橘子一瓣一瓣掰开吃也是好方法。不要去想对方，将注意力集中在食物的味道、香气和口感上。
6. 不要把精力放在现在的感受上，试着分散到其他方面，比如食物上。数数，仔细观察周边物体也可以，如果能看到天空，凝视云彩的流动也很好。

7. 心情稳定下来一些了，可以朗读下面的句子，是心理学家费兹·波尔兹（Fritz Peris）所写的句子，于人际关系中寻找内心的和平。

我是我，你是你。

我并不是为了满足你的期待而来到这世间的，

你也不是为了我的期待而活的。

如果我们心心相印，那是件让人惊喜的事。

但是即便不是这样也没有关系。

世上的所有关系
都有“潜规则”

当你的真心无法打动对方的时候确实令人伤心。你真心地对待，换回来的却是拒绝和冷落，这当然会让你受到伤害。但是说一句“从现在开始你我是路人”，然后酷一点回头转身是最好的方法吗?

我为数千对夫妻做过咨询，其中已经下决心离开对方的夫妻有很多，但他们通常并不是因双方共同拖延才没能离婚，而是因一方而延误的情况占多数，他们往往表现为“我爱对方但是对方却不关心我”。

妻子想要和丈夫离婚，因为丈夫的敷衍让她们觉得爱情走到了尽头，但是很多丈夫声称自己仍然很爱惜妻子，只不过是因为太忙才没有时间，没能好好地对待对方。这种情况在人际关系中很常见。遇到这种情况时，最好检查以下几点：

第一，我的真心实意真的表达了吗？

丈夫爱妻子的心没有好好表达，觉得对方会察觉到而没有做出实际行动。但是世界上没有两个人共用一个大脑和心脏，即便是夫妻也是两个活生生的个体。以为对方可能知道我的用心，是我们常犯的错误。如果不好好表达自己的感受，你的心是无法被读懂的。

“真心表达能力”需要我们保持注意。很多人没有把自己的真心完全地表达出来，却想整理好双方的关系，但导致双方关系不稳定的根本问题，正有可能在于真心表达能力不足。

第二，这个时候对方会接受我的心意吗？

并不是我表达了心意就完事了，还要想想对方是否处于能够接受我的心意的心理状态。人们常常忽略一点，有的人会由于心里没有余裕而将人际关系搁置在一旁，向这类人索求关心而不得，之前的好感也会慢慢消失。所以要好好观察对方的状态，对方忽略自己表达的心意可能是因为最近累了，选择离别前至少要观察对方对这份感情做出的努力。即便最后还是选择分离，这也是处理人际关系上的最低要求。

李文在是一所学校的初中教师，平时和体育老师秀敏的关系不好。两人在大大小小的事上都会发生冲突，因此过去一年时间里相互间都不愿看对方一眼。但是现在文在就要调到另一所学校去了，学校组织了包括文在在内的几位教师的聚会。秀敏参加了聚会，故意待在远处一句话也没有说。不知不觉间大家玩到了凌晨3点。聚会将要结束的时候秀敏先向文在搭话。

“李老师，跟我再喝点儿吗？”

文在答应了，两个人聊了一会儿便将互相的误会解开了。回过头来想真的是小事导致了对方不愉快的感受。

虽然文在调走了，但是秀敏和文在成了偶尔一起喝酒的酒友。多亏秀敏，文在也知道了钓鱼的乐趣，现在文在反而会主动邀请秀敏去钓鱼。

我们需要的是在分别前的最后一刻，能够有勇气说一句“一起吃顿饭吗？”或“喝杯茶吗？”

第三，他是一开始就不喜欢我吗？

如果是，那我就是自作多情了。也许是我给他的第一印象不好，让对方没有想看我一眼的想法。与我接触一段时间后对我有了意见也有可能，但是也可能他起初就不喜欢我。

我们各自有心理上的“印象评价系统”—— 一生中对他人进行评价的标准。常见的例子是“行为随长相”的印象评价，这大概是下意识的，没法明确说明为什么喜欢或不喜欢对方。

但是这样的“印象评价系统”并不是一夜之间形成的，而是通过数十年的时间，在已有的人际关系、相遇、对话中日积月累形成的，近年来智能手机带来的影响也不容忽视。研究人员担心，对媒体上的某一特定对象产生偏见或厌恶等消极看法可能会使印象评价趋于恶化。

有一次我与一位女性交谈，她非常厌恶广受他人好评的一位男性。她平时对他的厌恶显露无遗，我问了她原因，她刚开始很犹豫，后来还是告诉了我，原来那位男性和几年前与她分手的男朋友长得极为相似，离别时她前男友的态度非常恶劣。

也许你会认为，这是非常不合理的理由，但是其实包括你我在内人人都是如此，因此不管多么努力，我的真心实意总有打动不了对方的时候。

也有相反的情况。有一位女性和与她不合适的男性结婚后离了婚。我问她，为何会选择那位男士结婚，她说是因为他长得像她父亲。她的父亲非常慈祥也很疼爱她，但是因为出了事故在她上初二的时候就去世了。成人后的她认识了这个与父亲外貌和言行相似的男人，很快陷入了爱河，恋爱没多久就结婚了。但是后来发现对方的性格、习惯、价值观都和父亲相差甚远。

我们不能否定我们的过去给自己带来的影响，所以即使一段关系难以真心实意地维持，也不能毫不犹豫地选择绝交，而应先尝试短暂离开一段时间，这是减少伤害的有效方法。而且在这段时间里，至少要考虑一下对方为什么不接受自己的心意。是我的表达方法有误，还是他误会了我的意思？又也许是我们从来没有想过的经济问题所致？

我们交出真心是希望对方成为我们生活中有意义的人，所以需要多试着敲响对方的心门。

行为
支配人际关系

表情和行为是重要的非语言表达方式，假如没有说话，肢体语言同样可以向对方表示你在聆听。实际上动作会比语言给予人更多信赖感。所以注重使用行为表达就不会一不小心让对方觉得你并不关心或无视他了。

例如说话时经常咬紧嘴唇的行为会被认为是不安或不自在的信号。对话过程中总是看别的地方，对方会认为不尊重他。

我之前在心理咨询中心一起工作的一个男同事就是一个例子，一起工作没多久我就发现他的肢体语言有问题，其他人在说话，他总是插着胳膊或将肩膀往后缩，这是心里在否定的习惯性动作。

后来我了解到，他的父亲是对感情表达较为吝啬的大男子主义者，而且因为感情表达不畅，他 30 岁之前都没有谈过恋爱，他消极不成熟的肢体语言也许是一大原因。

我是真的担心他，给他提出了建议，我告诉他说话有条理是很重要，但是让对方感觉舒适的表情、动作或姿势也很重要，我还在网上查找了一些正确聆听对方说话的照片给他看。

“珉钧，这样的姿势会不会让对方感觉安心一些？”

他貌似有些惊讶，其他医生从来没有给过他这样的忠告。他一点儿也不知道自己有这样的问题。

仅仅几周的时间他就变成了完全不同的人。这是按照我的建议在镜子面前努力练习的结果，我也经常看到他在其他同事面前练习的样子。

“对，我也是这么觉得。”如果是在说这样的话，表情和行为也需要传达这样的信息。只有语言表达肯定，表情和肢体语言却相反的话，还不如打开录音机反复播放。不相符的语言和行动甚至会被当作攻击对方的一种表现，所以行为一定要随着言语走。

人际交往中，轻率的行为也是禁止的。尴尬的行为会在对方的感情上引起风波。

端正的行为并不是每次插着两手一副谦虚的表情聆听对方的话，还需要用能够引起对方好感的肢体语言来表示。研究表明，卑鄙的低姿态肢体语言是引人反感的行为。

美国心理学家艾米·卡迪（Amy Cuddy）认为为了提高自尊心，

需要有自信的姿态。模仿超人的姿势就会让我们像超人一样有力量。富有能量感的姿势会对荷尔蒙产生影响，会让人鼓起劲儿而减少生病的可能性。

伸懒腰一样将双手伸向天空，将双腿最大限度地张开呈现出“高能量姿态”，与将双手插在口袋里、缩着上身或收着下巴的“低能量姿态”相比，前者使睾丸素分泌增加，引发压力和疾病的皮质醇减少。

甚至在模拟面试中，面试官会对“高能量姿态”的应聘者更青睐。但在文化比较保守的地区使用肢体语言需要小心，否则会给人留下不礼貌的印象。

肢体语言训练可以促进圆满的沟通吗？并不完全如此，更重要的是以肢体语言为基础的积极感情，能自然而然地催生平静心态。假装出来的肢体语言很容易被发现，只有积极心态才会让表情和肢体表现更加积极和自然。

为了更好地沟通，我们需要保持良好的心态。身体发育大概在20岁左右就会结束，但是大脑的发育会持续到30多岁，数学思维在10岁左右就达到顶峰，而负责社会性、共享能力、语言能力的那部分大脑却发育得晚一些。

有些人在20岁左右的时候是令人讨厌的，但是等40多岁再见时就成了彬彬有礼的人。所以进步不能停止，你的明天完全可以比今天优秀。

神经科学家安德鲁·纽伯格（Andrew Newberg）认为，如果想进行理想的对话首先需要驯化大脑。他所主张的驯化大脑的“怜悯沟通法”（Compassionate Communication），现在在美国极为流行。“神经共鸣现象”（Neural Resonance Phenomenon）可使消极的思维步骤沉睡，可以用来进行重要对话之前的热身。平时对话就有困难的人更应该使用“怜悯沟通法”把自己的心态调整一下，会对接下来的对话有利，实践证明这是一个简单却很有效的方法。

必要时我会用“怜悯沟通法”热身，然后再与对方对话。事后回想我当时的肢体语言的话，我会发现当时的肢体语言更加柔和自然。平和的心态会让肢体和表情自然。你也可以试试，会得到不同于过往的沟通效果。

Tips

实现“怜悯沟通”的12个步骤

安德鲁·纽伯格认为快速接连不断地说话绝对不会给对方留下好印象。小时候与奶奶的对话能够记到现在是因为遵守了“怜悯沟通法”。

步骤1：放松。缓慢吸气并数到5，同样缓慢呼气数到5，这样持续30秒。反复做3组。

步骤2：凝视自己的一只手，提出这样的问题：“此时此刻，怎么确定我的手是存在的？”

步骤3：强化内心的沉默。用手机听听钟的声音或自然的声音15～30秒。

步骤4：提高积极性。对即将见面的对象，努力提高对他的积极性。尽量反驳对对方的消极想法。

步骤5：于他于我而言最重要的价值进行深思熟虑。想一想我的内心想要的价值和从对方的对话中得到的关系价值和沟通价值。

步骤6：想想快乐的记忆。想想最舒服的画面或对象，提高积极的情绪。

（以上是准备阶段，下面开始与对方进行对话。）

步骤 7：注意观察非语言信号。细心观察对方的表情、行为和姿势。

（以下是对话交流过程中需要完成的内容。）

步骤 8：表示感谢。

步骤 9：用温柔的语气说话。

步骤 10：缓慢说话。

步骤 11：表达简单明了。

步骤 12：仔细聆听。

谁是他的人，
谁是我的人

如果还有比让坏人离你而去，对讨厌的人敬而远之更重要的事情，那就是不放弃身边的好人。需要我们投入时间和精力的不是擦肩而过的敌人，而是会陪你走下去的友军。

也许你过着个人主义生活。个人主义的优势也会让人无法抗拒，个人的自由和权利能在最大限度上得到保障，这也会使自己得到更多挑战和获得成功的机会，这就是个人主义思潮与文化。个人主义已经成了都市生活中必不可少的元素。

问题是，我们变得空前寂寞，有人说最近最为发达的产业是“消除寂寞行业”。良好的人际关系需要一种黏黏的黏合剂。例如，交到一个好朋友，需要经常见面、照顾对方感受、遵守约定、主动承认自己的误区、将心爱之物共享出去。这样的亲密关系与个人主义犹如水和油不可融，因为个人主义者可能不想被某人随时敲门打扰。

个人主义生活的缺点是：真正感到孤独的时候门前却空无一人。在个人主义极为发达的法国，因孤独而痛苦和死去的情况正在蔓延，国家不得不出面开展帮助老人安度晚年的项目。我们不得不在个人主义和亲密关系中辗转以找到平衡。

最新大脑科学研究发现，孤独是人类精神崩溃的原因之一。长期处于孤独状态会诱发抑郁症，而且老年痴呆也会提前到来。多数人在孤独面前是脆弱的，人并不是猛虎或雄鹰，而是更像蚂蚁或蜜蜂。因此在人类心理学理论中，有一位学者提出了“蜂巢心理学”（Hive Mind）① 的概念。

因此，人生想要幸福，至少需要精神健康，为此需要的是好的朋友和伴侣。现在我们真正需要的是能够忍耐人际关系带来的黏稠感，从而更加亲密、消除隔阂、加深联结。

牛津大学人类学教授罗宾·邓巴（Robin Dunbar）提出，我们一生接受的人际关系最多人数是 150 人左右，超过了这个数字，我们的大脑无法承受。而 150 名也只是认识的人而已。当然，维持与

① 该学者认为人类的心理与蜜蜂的心理有一定程度的相似性，因此把人类心理学称为“蜂巢心理学”。

这些人的良好关系是好事，他们会对我们的人生有很大帮助。

即便对一个性格外向的人来说，身边能够对其坦诚倾诉内心的对象也很难超过20名。而且如果是重大事件的话，讨论对象会缩小至5名。黄金数字是5，也正是因为我们没有这样的5个人所以会感到孤独。

你能够了解什么是挚友吗？朋友的范畴是哪里，而挚友的范围又是什么？真正的伴侣是谁？怎样能够拥有5个挚友？

交朋友需要投入大量心血，也是耗费时间的漫长过程。如果你已经有了5名知音，希望你能好好维持关系，不要亡羊而补牢。如果达不到这些，那需要从现在起开启认识知音的漫长旅程。

如果周边有充分的资源，可以先将候选人挑选出来，确定候选人之后你就能开始行动。如果认识的人中没有合适的人选的话，那你可能就需要骑着心灵的骆驼去寻找他们。但你要提前做好心理准备，横跨沙漠有可能是极为艰辛的旅程，需要迈过的山峰可能非常多。

不要着急。或许你需要几年甚至几十年来完成这个旅程，如果你认为孤独需要克服的话，首先需要投入精力和时间去找一个知音。有了知音之后你的人生会大有改变。

某著名读书俱乐部有很多申请者，你需要睁大眼睛寻找能够交到朋友的组织或俱乐部。

对一名个人主义者来说这是一件很麻烦的事，但无可避免。想交朋友需要进入人山人海中，两个人无法一下子就成为好朋友或知音，只能是从普通朋友开始，不要给自己太大压力，尽量去挑战一下。

通过某种契机找到让你产生好感的朋友，遇到想长期交往下去的人，则需要在建立友情上稍加努力。一个人得到知音的过程好比酿一坛酒，等待它能成为美酒，需要自然发酵的时间。

不是为了别人，
而是为了自己

卓别林（Chaplin）的电影《摩登时代》（*Modern Times*）中象征性地描述了现代人的生活。站在传送带前，拧了一天螺丝的工人，到了很晚才下班，躺在自己家的沙发上看着电视睡着了。这就是典型的现代人生活。

现在每天摆在我们面前的不是传送带，而是电脑或其他人，我们在与人接触和沟通中得以创造。因此，与人沟通的能力显得尤为重要，甚至有时面对讨厌的人也需要假装心平气和地沟通，这就是我们的时代。与其说沟通变得很重要，不如说是沟通能力的用处越来越多了。

如今善于沟通的人成了有能力者的代名词。某些工作的本质就是沟通，沟通即工作，因此不得不对沟通加以重视，人们说服对

方时，甚至会用花言巧语的对话术来试图操纵对方的心理。

但是沟通并不是一门技术，而应该是用情感来获得人心之法。我们需要从他人那里得到的不是人气，而是人心。我们需要成为得人心者，因为人气往往会止于单纯的好奇心，不会有更多的发展。

好看的穿着、靓丽的打扮是获得人气的方法，能够引发别人“想和他（她）聊聊”或“想和他（她）一起度过时间”的想法。这与得到人心相差甚远。在对话过程中需要刨除修饰或包装的原因正在于此。

为了得到人心，交出了感情，有时却不会得到理想的反应。这种情况下，一味地乞求得到对方的感情会让你捡了芝麻丢了西瓜。即便成功说服了一个人，过不了多久我们的感情也会枯竭。

由此可见，伪善和假装是不好的，对自己和对方都是如此。平时迫不得已说出的善意谎言最终带来的结果很可能弊大于利。被善意谎言毁掉的人际关系比比皆是，人们渴望的永远是真心。

所以，请不要自责。不要责怪这个或那个的不足，而是考虑一下积极的方面，以应对将来变化多样的与人交流的情形。

从事汽车销售工作的建宇出于工作所需，渴望掌握一种与人沟通的对话技法和关系维护技术。因此，每到周末，建宇都会到书店翻阅各种有关对话技法的书籍，这样一本一本买下来的书籍能摆满他的整个书桌。

建宇决定从事汽车销售工作，是因为觉得自己的性格符合从业人才需求的特征。他用业绩证明了自己的想法是正确的，他的业绩总是在领先位置，在整个销售网点也数一数二。但不知从何时起，与人沟通让建宇深感不适。这种不适感没有像舞台恐惧症或只想回避别人那样严重，可是每当建宇面对客户的时候都会难受不已。

因此他找了心理咨询师，经过沟通我发现，问题出在他的对话方法上，建宇需要每次都礼让客户。

"感情劳动者"（Emotional Labor）[①]需要不断地调整和管理自己的心态。为了让客户更加愉快，需要刻意激发自己或抑制消极情绪。感情劳动的危险性在于，这样的工作把工作人员的感情长时间地压制住并任意操纵。而忽视了感情恰恰是人性的所在，"感情劳动者"承担着沦为感情奴隶的风险。

建宇也是由于长期从事感情劳动，心理创伤严重得不能再严重了。有时即便已经下班，他还需要回复客户的消息，深夜时手机也会不停地响。客户随时会打电话或发消息询问他有关汽车的问题——"我的车什么时候需要换机油呢？"即便是在深更半夜建宇也需要做出答复，以让客户开心。

建宇一直认为自己是人际关系的小能手，是一个善于理解、感

① "感情劳动者"是需在工作时展现特定情绪以达到某种工作目标的人。

性的人，所以这样的日常不会给自己造成太大问题。显然，他被自己欺骗了。

一个人最坏的习惯之一，就是在感情方面自欺欺人。当他找到我的时候，他的内心已经被这种消极的情绪堵得满满的，差一点儿就要爆发了。

为了达到有效的治疗，当务之急是让他接纳自身的问题。如果不能接受自身的心理问题，那其他的治疗也就无从下手了。

我们的心灵都是脆弱的，在任何时候都可能崩溃或受到伤害，所以我们需要正视自身的脆弱。这是迈向心理治疗旅程的第一步。

“他让我很伤心。”

这是建宇从没有对人说过的话，对我说完他感觉舒坦了些。

我们并不能像人工智能或机器人的对话程序一样，所以会因对方的一句话受到伤害，甚至心灵遭到摧残。像建宇这样情商较高的人，反而存在脆弱的一面。敏锐的感情更容易受到伤害。

承认自己的感情并不完美，并不是让你有罪恶感，而是让你不要再假装强势、厉害、有能耐，让你接受自己的心灵会被对方的一句话影响到的事实。

有一天建宇突然问道：

“他太讨厌了，我甚至想打他一拳，我该怎么办？”

针对天天催业绩的上司，建宇每时每刻都会有这种冲动。吹毛求疵的客户，也很让建宇闹心，再加上上司的催促，建宇好比夹在三明治中间的火腿，一动也不能动。

我告诉他，这就是人生的难点。然后将重新找回阳光的各种方法和建立心理防御体系的方法详细地告诉了建宇。

讨厌一个人的情绪会腐蚀自己的心灵，世上总会有令人讨厌的人，但是不能让这种情绪占据我们的内心。这会让我们吃亏，不能让讨厌某人的情绪支配我们的心。

小说家海明威（Hemingway）是一个消极且自我否定极其厉害的人，最终因为严重的抑郁症选择结束自己的生命。但是，读者们却在他的小说中看到了他梦幻般的理想。他的小说《老人与海》中的一段情节用在我们的人际关系中再适合不过了。

老人在大海上辛辛苦苦捕捞到了一条枪鱼，却被一群鲨鱼抢走了，而老人险中求生，好不容易捡回一条命，拖着疲惫的身躯回到了家，躺在床上，感叹道：

“大海上的事犹如梦一般，现在回想起来都不值得一提。”

希望你们也能有这样的心态。如果不得不面对讨厌的事或人，一天结束后，躺在床上将其称为“不足以挂齿的小事”，那该多洒脱。

Tips
建立“感情劳动者”的心理防御体系

1. 找一个能倾诉消极情绪的对象，同样，如果对方也有负面情绪，聆听便是。

2. 充分休息，尝试较为激烈的运动。神经生理学者认为运动能够舒缓大脑皮层的压力领域，达到愈合心灵创伤的目的。

3. 从事感情劳动需要充分的观察学习。通过网络或书籍可以了解为什么会有吹毛求疵的客户，他们的特征是什么。归根结底，难缠的客户形成的原因很简单，往往是人性卑劣所致。

4. “感情劳动者”通常犯的错误是，产生“对他（她）来说我是不是不值得一提的人，所以才会被无视？”，诸如此类的过激反应，这是错误的想法。要记住，所有人都是有尊严的，在任何时候都不能忽略了自己的尊严。

5. 在工作中经历的消极回忆和感情，下班后尝试着扔在工作岗位上，不要带回家。寻找一个给心灵洗澡的方法，下班后将工作上的压抑立即清洗掉。尤其不能反复回想不好的回忆，需要寻找有效的方法调整心态。

6. 停止思考。不断练习腹部呼吸、冥想等清空心绪的方法。训练能够强化大脑，平时一点一滴积累的训练会让你在狂风暴雨中毫不动摇。

胡言乱语会毁掉工作和人际关系

“我也不想搞砸一切，我这么做还不是为了大家？”

这是我最讨厌的话之一。如果做错了那就承认，说声对不起即可。没有意义的多余解释会让人打消掉本就少得可怜的谅解之心。

说陈腐的话会成为陈腐的人，世界上最落后的人是说陈腐的话的人。没有听到别人的指责、辱骂、厌恶的话语，不代表没有受到伤害。和直接受到攻击相比，让人讨厌的陈腐之言更会让人伤心。也因为是平常的话语，所以不能反驳，只得自己闷在心里。

“全世界只有你自己累？”

这样的话陈腐且毫无同理心可言。听到这里，怜悯之情可能会顿然消失。

美国职场文化研究专家林恩·泰勒（Lynn Taylor）说，陈腐的话是促使同事间信赖消失的罪魁祸首。泰勒在《悉尼先驱早报》（*The Sydney Morning Herald*）上介绍了29个例子。下面是其中的一部分内容。

> “不能这么说，但是……”
>
> “我发誓再也不会这么做了。”
>
> “我真的不想说到这种地步，但是……”
>
> “实话实说……”
>
> “我虽然没有遵守约定，但是……”
>
> “我会努力试试的……”
>
> “私下是……”
>
> “以后可能需要你为我做点儿什么。”
>
> “如果伤害了你，那对不起了。”
>
> “以后再说。”
>
> “不要想太多了。”
>
> “我什么都不担心。”
>
> “再怎么说也没用，做就好了。”
>
> “你是走运了。”

以上有几句能引发共鸣的话，也有让人一边听着一边摇头的内容，这也许是因为西方的职场文化与我们不同。不管怎么说从这些例子里我们得到了重要的启发，本怀着好意或无意间说出的一句话，对方却有可能另作他想。

我们经常误判对方的心意。以为对方会喜欢，因而就说了这样的话或做了那样的事，结果对方完全不喜欢，甚至这些话或事成了对方讨厌我们的理由。还有一种可能就是，我们误解了对方的心意，不要忽略了这种可能性。

“说话的时候总把手往嘴上放，那就意味着在说谎。”

这是古代的行为心理学知识，也是在分析类教科书当中经常出现的例子。但是，这也可能是不正确的，或许是无意识中做出的坏习惯，也有可能是因为牙齿不齐。如果真想知道对方的想法，真诚地进行一次对话是最好的办法。通过真心的对话来确定对方真正的想法才是正确的行为。

但是敞开心扉的对话不是一件容易的事情，所以大家会自己判断别人是怎么想的。市面上心理学书籍供不应求，人们无法正常沟通是其中原因之一，也正因如此，我们有了误解对方的坏习惯。

如果说陈腐之言是在社会生活中常用的懒惰语言，那么口无遮拦则是关系亲近的人之间的冲动型语言。人们平时将都市生活中打拼积累的负面情绪压在心底，但不知不觉中会爆发出来。需要合适的对象来好好发泄出来的时候，却往往是忍耐下去了，最后反而是找了一个无辜的人把消极情绪发泄掉。最容易成为替罪羊的是家人或爱人。而对上司，你却一声也不敢吭。

在这一点上你我都一样。自己随意对待他人，却会为他人随意的一句逆耳之言感到愤怒。我们常常能看到这样的情景。对方指出了你的小毛病，你却像受到人身攻击一样做出过激的反应。

我对自己的缺点心知肚明，对方可能也早已知晓。可是，从他人口中听到我的缺点和自己暗自担心别人会对我有不好的印象，这两种情况下的感受可谓是天壤之别。

看着笨手笨脚的公司后辈，心中总有些悄悄话响起。

小天使："当年我也是那样的，上手后他也能干得很出色。"

小魔鬼："哎哟，都怪那家伙，我今天又得加班了。公司到底怎么想的，还不赶快把那家伙辞掉。"

如果你忍无可忍说出："金主任，你怎么每次办事都这么不利索？打起精神来。"那两个人的关系会毁于一旦。即使回头请对方吃饭喝酒道歉，因为一句话两个人之间还是会形成无可填补的深沟。

说错话了又怎样，请他喝酒便是了，很多男性朋友通常会有这样的误区。想想看，如果是你，这种逻辑能行得通吗？

消极的语言会造成"闪光灯记忆"，所谓"闪光灯记忆"会像经历的灾难一样，给你留下一生无法忘却的深刻印象。少说几句胡言乱语和陈腐之言会让人际关系变得柔和很多。

Chapter 4

应付他人，需要善良和果敢

适当的距离
换来安宁

如果说陌生人可能会带来“关系困扰”，那么熟人带来的困扰并不亚于它。距离太近反而成了枷锁，而这也是压力的根源。每当有癌症晚期患者或要照顾患老年痴呆症父母的人来找我咨询时，我总觉得不会有比这些更让人痛苦的事情了。

相比于其他人，家人、亲戚、好朋友、事业伙伴和职场同事都可能给自己带来更多的痛苦。熟人给予的安慰和痛苦可以说是同等程度的。

心理学家托马斯·赫尔姆斯（Thomas Holmes）和理查德·瑞赫（Richard Rahe）在1967年制作的社会再适应量表，现在看来也令人深有同感。

两位心理学家向5000名志愿者询问其压力程度，并将结果量化。其中，配偶死亡带来的压力程度最大。将此事件的压力指数记为 100 后可与其他事件进行比较。从下表中可以看出，在人际关系中产生的压力居多，亲近的人不只会带来爱和幸福，也会带来忧虑和痛苦。

事件	压力指数
配偶死亡	100
离婚	73
分居	65
家人死亡	53
被解雇	47
分居后再复合	45
家庭添加新成员	39
亲近朋友死亡	37
与配偶不合	35
孩子离家	29
与婆家或娘家产生矛盾	29
与上司产生矛盾	23
家庭聚会次数变化	15

我不敢想象妻子先于我离世，即使活了 100 岁，那种痛苦依然会使我无法自拔。熟人安然无恙自然为好，但他们总会遇到一些事情，因此我也会陷入担忧和伤心之中，即使这只是件小事儿。

因职场内人际关系来咨询的人比较多，当然也有原因可寻。表格中“与上司产生矛盾”压力指数为23，这一数值将近“配偶死亡”压力指数的1/4。单看事件的程度，当然不可与配偶的死亡相比，但是放眼于漫长的人生，就不同了。与上司的矛盾是无法断绝的，也是很难解决的。

敏智因为职场前辈苦恼了很久。同样的职位，年龄也只差1岁，但对于刚入公司不过几个月的敏智来说，入职了5年的前辈当然很难去接近。新人都是由那个前辈教导。对内向且小心谨慎的敏智来说，急性子的前辈口无遮拦，指出错误时也从来不拐弯抹角，虽然多数情况下，指责本身没有错误，但以敏智的立场来说接受起来还是很困难。每次被前辈指责后，那天晚上敏智就睡不着觉。

敏智问我近来她忧郁是不是因为前辈。敏智忧郁的本质不完全因为那个前辈，因为敏智很久前就开始有忧郁症状了。女性比男性更容易神经质以及内向性程度较高，因为发展人际关系的欲望强烈，所以在人际关系中受到的伤痛或因此引起的忧郁感也就更加明显。也有学者说，这其实并没有性别之差，而是男性相比起来对忧郁感的感知力和表现力都不强烈，只是看起来有差距而已。

咨询进行一段时间后，敏智决定不再把前辈当成敌人，而是和她做朋友。对于这样的想法，她很有自信。办公室里敏智的同龄人也只有前辈，两个人与其他同事年龄相差较大。只不过敏智从进入公司以后一直回避前辈，前辈也只能像对待其他同事那样待敏智。

然而在两个人亲近后，敏智发现前辈其实是一个善良的人。她俩能够走近的决定性原因是敏智问了她的生日。

一天，敏智主动鼓起勇气问前辈：“今天是不是你的生日？”凑巧两个人住得近，索性就一起过了生日。两个人走近后，前辈在工作上对敏智的态度也有了180° 转变。即使敏智做错了也会温柔地教导，有时也会在工作上帮助敏智。

敏智的愿望实现了。但意想不到的事情接踵而至。前辈在感情上开始更加依赖敏智了，这是走得太近引起的。对于敏智来说，前辈并不是能与自己合得来的人，是怎么努力也不能成为闺蜜的。性格、喜好、价值观，没有一个是相合的，走近她只是为了职场生活的便利罢了。

没有朋友的前辈，每到周末就约敏智见面，敏智因此觉得疲惫不堪。而敏智的朋友因为到了周末约不到她也很不高兴。到了周末敏智的兴趣爱好也没有时间完成。进退两难的困境使敏智又产生了困扰，到底该怎样调节与前辈的距离呢？

我给了她这样的建议：

“女性一般不能坚持形式上的关系，甚至会因为这种枯燥无味的关系而感到不安。但是世界就是这样，当你得到一些，相对应地就会失去一些。你每到周末都想去瑜伽班，但是每个周末要和前辈见面都会让瑜伽计划泡汤，这使你十分苦恼。

“我们每个人都要以幸福的自我主义者的身份去对待生活。不要因为他人而改变自己的生活质量。可不可以只和前辈在一周中吃一次晚饭呢？其实这个对敏智来说也不是那么心甘情愿的吧。可是任何事情都会有一些不情愿的因素要去承受，在考虑理想化优质生活的同时，需要我们运用智慧去灵活掌握是否情愿。”

听了我的一番建议，敏智陷入沉思，她开始反省自己。在最后一次咨询中，她说道：

“人际关系一直在困扰我，亲近会带来亲近的烦恼，反之也有烦恼。我没有关注到自己的幸福、平定、自尊感，与人相处应该给我自身带来好处或使我舒服，而不是像现在这样困扰我。经过努力，我和前辈的关系也不再让我纠结了。正如老师所说，我们一周吃一次晚饭也足够了。最重要的是我找回了我的周末。”

人与人的关系中，相互适当地牵着一根线也是我们运用各种关系来维系生活的必要条件。但有一点一定要记住，不需要牺牲自己来维系任何关系。

故意失败
比胜出更难

玄秀未能升职，这让他感到像是失去了一切。玄秀与尚源同组，两人同为主任，也同时竞争科长职位。最终升职机会到了尚源的手中。经常一起喝酒的他们，因为尚源的晋升开始变得生疏。当然尚源跟玄秀说过不要这样，但是两人现在为上下级关系，一起出去喝酒不免尴尬。

玄秀仍然做和以前一样的工作，而尚源则频频受到重用，也因此在公司中受到瞩目。更让玄秀心痛的是，二人都很喜欢的同组成员秀智，竟和尚源开始了暧昧关系。

玄秀心中充满了嫉妒，这种情感甚至化为仇恨、愤怒。“难道这就是失败的滋味吗？”玄秀不断反问，有时还会从睡梦中突然醒来。

竞争并不一定是双方抢争一个位置。两人即使一开始没有争抢目的，也可能一瞬间变成竞争关系，或者我认为是竞争的时候，对方不一定这么想。友情、爱情名义下的竞争关系，实际上数不胜数。

其实人际关系也就是这种竞争的延续。再亲近的两个人，也会因抢争资源而进行心理战。心理学家指出，所有关系中的双方，都会为了统治对方或占领优势而进行竞争。尤其夫妻关系，本身就是矛盾的，即使胜出不一定就能得到好处，也还是会有竞争。

ABBA 是我十分喜欢的瑞典流行组合。父亲生前就十分喜欢他们的歌曲。我也是因为小时候经常随着父亲听他们的歌而喜欢上他们的。虽然在青少年时期一度冷落了 ABBA，可随着年龄的增长，ABBA 的歌曲却一直萦绕在我的耳边。他们的歌词中蕴含了人生哲理，对于我来说这比教科书还有用，最近更是一周必有一天，伴随着他们的歌进行创作或读书。

ABBA 的歌曲历经岁月依然打动人心，但是每个成员却都备尝艰辛。ABBA 的名字是由阿格妮莎·福斯克格（Agnetha Faltskog）、比约恩·奥瓦尔斯（Björn Ulvaeus）、安妮－弗瑞德·林斯塔德（Anni-Frid Lyngstad）、本尼·安德森（Benny Andersson）四人名字的首字母组合而成。四人关系亲密，阿格妮莎和比约恩、安妮－弗瑞德和本尼是两对夫妇。

比约恩和本尼之前就在一起做音乐，在 1966 年两人决定组成男子组合，后来又各自将自己的女朋友拉进来组成了四人组 ABBA。阿格妮莎和比约恩在 1971 年结婚，安妮-弗瑞德和本尼也在 1978 年成为夫妇。他们以优美的旋律、具有说服力的歌词以及富有魅力的歌声打动了欧洲听众，人气随即蔓延到美国乃至全世界。

然而阿格妮莎并不为事业上的成功而感到高兴。她无法接受扔下刚出生的儿子去进行世界巡演的计划。阿格妮莎最终患上了忧郁症，1979 年向比约恩提出离婚，两人决定成为朋友。即使分别，他们仍然相互爱着对方。后来比约恩与长得像阿格妮莎的女人再婚，但仍旧没放下对阿格妮莎的情意。安妮-弗瑞德和本尼也在 1981 年离婚。两对夫妇相继分别，四人组 ABBA 也没能维持多久，于 1982 年解散。

两位女性成员暂停了音乐事业，隐遁在家。相反，两位男性成员则继续他们的音乐生涯，以 ABBA 的音乐编著的音乐剧《妈妈咪呀》又一次在全世界掀起了热潮。

如果问我在 ABBA 歌曲中最喜欢哪首曲子，我肯定想很久也答不出来。喜欢的歌实在是太多了。可是有一首歌，会一直存在心底，那就是《胜者为王》（*The Winner Takes It All*）。至少在我经历离别时，没有比这首歌更能安慰我的了。

《胜者为王》的歌词是阿格妮莎在经历离婚伤痛后写的。

“我不想说我们的经历。给了我苦痛，已经过去了。我尽力了，你也同样。不想再续了。没有好牌可以出了。胜出者拥有一切，落败者只能变得渺小。那就是她的命运吧。”

我经常琢磨这首歌。因为歌词告诉了我在经历失败的人际关系后需要做的事。不只是男女关系，所有的人际关系都包括在这首歌里，就像玄秀和尚源。

喜欢上这首歌以后，我心中有了这样的信念：不要在人际关系中成为落败者。

然而，生活中无法避免挫折和失败。不让自己成为落败者的最佳方法，就是宁愿输在竞争中，也不要输在心里。当然，最好的结果是胜出，但遇到失败时需要运用技巧，好让自己不成为永远的落败者。

Tips
如何成为幸福的失败者

1. 首先，尽全力参与竞争。如果没有竞争过，只会留下更大遗憾。

2. 其次，失败的经历不要长期留在心里。努力提高心理防御能力，不让失落感持续。

3. 要记住失败的经历是日后的财富。爱迪生（Edison）说过：“我不是经历了一千次失败，而是发现了一千种无法改进电灯的方法。”

4. 不要仇恨或妒忌胜出者。如上文所述，妒忌是人类的本能，是人都会产生这种情感。但要通过训练来寻找控制大脑情绪的方法，妒忌只能毁掉生活中的活力。如果想要成功，首先要学习忘记妒忌心。

5. 失败了，以此为鉴，继续找寻成功的方法。可以试着将失败经历写在日记里，或者写成文章。

6. 充分发泄落败的感觉。不要抑制、回避，要接受伤心、愤怒甚至仇恨。但要限制时间。几个小时、几天、几周等，限定发泄时间后，约束自己只要超过限定时间就再也不能沉湎在落败感中。

7. 懂得祝贺胜出者。不想成为心胸狭隘的人就要懂得祝贺对方，即使有十万个不情愿。

8. 要想着失败只是这一次。不要认为“我一直是失败的人，我会永远失败”。

9. 要努力摆脱耻辱感。

舍弃虚伪，
才能给人留下好印象

谁都想给别人留下好印象。即使是不再见面的人或是不喜欢的人，也想给对方留下讨喜的印象。没有这种心情或者不做这种努力，反倒很奇怪。给他人留下美好印象是留给我们现代人的课题，不只是为了成功。从长远看，这犹如春天播种一般正常的事情。因为大部分人会在人生的后半段收获结果，给很多人留下好印象可以成为人生成功的条件。

我认识一个非常吝啬的人。因为生活中和他有来往，所以不得不参加对方的红白喜事。有次参加他弟弟的婚礼，来参加的客人非常少，场面很是冷清。他父母的脸上露出失望的表情，他本人也是如此。我想那天他们一定为平时的吝啬感到后悔。

我熟悉的另一个人从事教育工作。有一次他在一个大规模的教育博览会上开展活动，但是一连好几天，来参观的人都是寥寥无几。最后一天下午晚些时候，某学校的校长来到了他的展位。校长很感兴趣，问个没完没了。他一如既往地诚心诚意地介绍自己的产品。其实那个产品不一定能卖给校长，所以在我看来这种努力有些多余。

他当时的事业正为资金所困，这次博览会后不久就出现了条件非常不错的投资人。这位投资者就是他在博览会上认识的那位校长的好朋友。因校长对他的评价很好，所以投资人决定在了解后进行投资。此后他的事业步步高升。

人是情感类动物，不能每次都以好情绪待人。生气或发脾气都是很正常的事情，但偏偏这时候容易遇上重要的约会。心情不好时，无论是与人约会还是处理重要的事情都很难给对方留下好印象，也很难往这个方向努力。

事实上，比起给别人留下好印象，更重要的是不要留下坏印象。

不好不坏的情况也很多。也就是说，没能给人留下或好或坏的印象。对对方来说我只是个过路人，在城市中生活，就要接受这一点。城市里约会和分手都很频繁，这让我们的感觉变得迟钝。我们无法关注众多擦肩而过的人。因此，在真正重要的会面中，给人留下好印象也并不容易。

那么如何给对方留下好印象呢？

有些记忆是可以追溯到基因的。大家可能知道动物心理学家康拉德·劳伦兹（Konrad Lorenz）的著名实验。劳伦兹把鸭蛋分成两组孵化。一组由母鸭子孵化，另一组由劳伦兹直接孵化。劳伦兹孵化并喂食的小鸭们很快就把他当作母亲并跟着他。

这并不是只要认真照顾鸭子就可以的。因为，让小鸭相信我是父母的时期是孵化后的 13 ~ 16 小时。太小不行，太大也不行。劳伦兹认为这一过程就像给孩子的大脑盖上无法磨灭的印章一样，因此被称为“盖章”，这就是刻印效果。给人留下好印象就是像在对方的脑海里盖章一样，清晰地刻下记忆。

20 岁左右时，我身边发生了这样一件有趣的事情。两个男生围绕一个女生展开了竞争。后来我了解到这个女生的择偶依据是这样的。一个男生主要是送礼物，这使女生觉得很有负担。另一个男生没有选择送礼物，而是选择用心准备特别的约会，知道她喜欢美术，就带她去看一个著名外国画家的展览，这使女生对这位男生很动心。

选择送礼物的男生虽然花了很多钱，但没能给人留下好印象。如果要送礼物的话，比起物质，送时间更好。比如说，与其买名牌包，不如一起去旅行，后者效果会更好。

当然，这也不是十分容易的事情，也不是说一起度过一些时光就可以的，一定要伴随着深刻的语言、表情、关心、牺牲以及有意义的体验。

当选择送礼物时，精选礼物比请客吃饭好。与其在豪华餐厅请吃龙虾或牛排，不如送一个刻着优美语言的马克杯。比起一次愉快的用餐，放在身边一直使用的小马克杯更让人印象深刻。

如何给人留下好的印象，树立积极的形象是需要经常思考的问题。动画电影《头脑特工队》就告诉我们所有的记忆都有感情色彩。每件事都涂上了快乐、悲伤、愤怒、厌恶的感情色彩，刻在我们的神经细胞中，这部电影很好地展现了这一点。

好印象就是刻在我们脑海里的记忆、喜悦、好感等积极的情绪，问题就是对方如何感受。

即便送很昂贵的礼物，如果对方认为这不是礼物而是贿赂的话，不但不能留下好印象，还会适得其反。比起这个，登山的时候能给予帮助或关心，会更让对方感动从而留下好印象。

所以，要巧妙地去做对方喜欢的事情，这才是给人留下好印象的正确方法。对方讨厌的事情就尽量避开。要做到这样，就需要平时关心对方，最好的方法是平时观察对方的喜好。

你周围是不是还有这样的人，为了给别人留下好印象而说话滔滔不绝，结果可能给人留下更负面的印象。不要展开烦人的垃圾邮件攻势，反倒是写一封令人印象深刻的手写信会更好。观察对方时也需要自制力，偶尔做一些有趣的事情，表现出称赞、鼓励，更有利于留下好印象，对方积极的反馈我们也能接收到。

在城市里生活，很难给人留下好印象。在城市里，重视礼仪的表现很常见，但对乡下老奶奶来说是非常亲切的关怀。在缺少真正的关心和下意识去塑造形象的城市里，很难区分面具和真心。

越是这样，我们越想要得到真心。现代人经常能感受到那种隐秘的欲望，即使内心很温暖，但仍然表现出假装不知道、假装不关心的态度。如果你希望留下好印象，你应该反复揣摩对方真正想要的是什么。

以文雅的语言，代替刻薄的态度

一句话抵千两债。人际关系是用语言维系的，所以会说话是增进人际关系的捷径。以前希特勒这样的人被奉为有口才的人，但如今并非如此。动不动就演讲，大多数人是绝对无法接受的。

现在能用语言温暖人心才算是会说话、富有同理心的人，让人与之交谈后感觉很舒适，并且愿意再接触。但是，有些人自认为为了对方好，说话口无遮拦，这在对方看来会很不舒服，也会让说话者的印象打折扣进而失去对方的信任。

这有悖于说话者的本意，为什么会出现这种情况呢?

本意并不坏，却反复发生有悖本意的状况，大概是因为不良的语言习惯。

我们学习语言的过程中，慢慢形成说话方式，并巩固为属于自己的语言习惯。一个人的语言是最能彰显其个性的。最近流行的“刻薄男、傲慢女、亲切男、风度男、冰山女”等头衔都与语言习惯有关系。

问“那部电影很有意思吧？”刻薄男会说：

“还好吧，也就那样。”

一两回还能勉强接受，但每次都这样，那即使给予对方任何补偿都无法树立好印象。除非具有相当大的魅力，否则人们将逐渐从他们周围消失。遇到这种情况，他本人反而感到很不解。他们认为自己只是按一贯的语言习惯说话而已，认为是周围人误解了他们。

实际上，如果能够察觉到问题，那么还算幸运。认识到自己说话时语气有问题，还可以及时纠正。但我见过不少人，认为自己生来说话就这样，已经形成的习惯纠正起来不容易，便放弃纠正。其实，纠正语言习惯并非很难，可以先从观察自己的语言习惯开始，仅调整几个词语，注意语音语调也会带来很大的变化。使用智能手机录音功能，去听自己说的话，你也许会感到很震惊。

有一种语气可以使他人精神焕发有活力，并能使人愉悦、舒适，还有一种语气可以使人难过、感到不适。有问题的语气如下：

“你总是这样。”

为什么一段对话不以“我”开始，而是从“你”开始呢？

这是长期以来以自我保护的角度形成的语言习惯。主语以“我”

开头容易暴露我的弱点，这是城里人最反感的事情。

除了诸如“你今天很酷”之类的夸赞外，以“你”开头的语句很容易产生评价、界定、批评对方的效果。

我们讨厌展示自己的弱点，又害怕暴露自身的情感，因此我们多以“你”而不是“我”开头，这样相对容易评价和判断对方。

与日本人交谈，很少听到评价别人的语句，这是日本文化使然。不善交谈、处理人际关系能力比较弱的人群更善于说评价别人的话，甚至认为这是对人表示关心及爱意的方式。

与人交谈时，有时不自觉地会说出对别人的评价、判断、请求、要求等。这时，如果用“我”开始，那语气将会变得更加柔和。以下对妈妈说的话作两种假设：

“你怎么总是晚起？”

“妈妈担心允瑞起晚了会迟到而挨批评。”

想要传达的信息是一样的，但孩子内心的感受却截然不同。

好心情会使工作更具创造力和效率。如果真的希望允瑞可以准时起床，那么应该选择后一句。

惯用语和辅助语言的使用也会极大地影响对方的感受。不好的惯用语可能会毁掉一颗善良的心，好的惯用语能使对方心情愉悦。

我们经常用否定语，比如“不”“不是”“这件事情应该这样做”等。同样的内容，表达方式不同，传达的情感完全不同：“是呀”“对呀”“但是这次是不是这么做会更好”。

“不，不是”和“真是那样吗”之类的话让听者很反感，应避免使用。说者可能还不知道周围人是因为他的语言而远离他。相反，“是呀”“对呀”“好的，很不错”等语言会逐渐在对方大脑中建立好感和肯定。

还有一种方法是，为引导良好的对话氛围，适当地暴露自己的缺点。这也叫“喜剧演员式”对话，好多演讲大师都使用这种方法。人们讨厌在别人面前暴露自己的缺点，但笑声通常来自错误或漏洞。诙谐和幽默的心理基础可以说是一种从“不”当中解放出来的感觉。

“刚刚在洗手间的镜子中看自己，太亮了，都不需要开灯。”

如果哪一天光头的科长这么说，大家肯定笑得很欢。营造出轻松积极的氛围后再布置工作，想必该指示所施加的压力会大大地降低。

命令和指示性的语言充满了压迫和束缚。人人讨厌的“反正事情已经发生了，就让它过去吧”这种话就很压抑，甚至还有试图操纵对方情绪的压迫感。也不能强迫对方“一定要开心”，因为情绪的主人是听者本身，而不是说者。

了解自己，也意味着了解自己的说话方式。心理学上成功人士的标志之一就是具有自我反省能力。字面意思就是，了解自己并了解与自己相关事项的事态发展。

人会改变，语言习惯也会改变。说者本身不努力改变，任由不好的语言习惯发展下去，那么不管过多长时间还是原地踏步，所以我们需要下意识地努力寻求进步。世界在变化，现在正经历着从理性语言到感性语言的过渡阶段，不会用感性语言的人将会被时代抛弃。智能手机不只是用来搜索新闻的，还可以用它来给自己录音，以便好好地检视自己的语言习惯。你不妨也试着将自己的语言录下来，闲暇时仔细回顾说过的话中都包含了哪些情绪。

说话像酿酒一样，是逐渐发酵的过程。为建立良好的人际关系，我们必须努力保持端庄的语言风格。坚持不懈的练习，会使语气变得越来越柔和、优雅，终将让我们受用一生。

抱歉，
那只是你的个人想法

现在让我们看看有哪些办法可以使我们摆脱别人的嫉妒。

首先，不要试图去改变他人。想要改变一个男人，于是与他一起生活甚至结婚，却最终毁了自己人生。这样的女性不在少数吧？

嫉妒的人会一直嫉妒。大概不会因为你的好意或谨慎言行而轻易改变。所以我们需要摆出这样的姿态：

“你是这样想的啊，那我也没办法。”

从脑科学角度来说的话，嫉妒的化身们是因为头疼而伤害别人。产生嫉妒心而无法释怀的话，他们会感到巨大的痛苦。假设他跟你说：

“那件衣服和你不搭。”

而你没有回应的话，他的心理操纵就会发挥效果。请立即作出反应，清楚地表明我不是软弱可欺的。

“那只是你的想法，别人都说很配的呢。”

如果不是性格障碍，嫉妒的化身们通常会是心理上脆弱的人，这些人会被我们强势的言论吓到。

摆脱这种人最重要的方法是联合，受害者们联合到一起的效果会很好。当然，这不是说用非正常的方法去整治嫉妒的化身，因为我们没有必要因为那一个人而犯罪或做让自己产生罪恶感的事情。但是就像企鹅们挨在一起可以减少寒意一样，受到伤害的人聚集在一起，对方是不敢轻易攻击的。

在群体里落单的个体总是会成为猎物。为了不被奇怪的人伤害，有必要成立“情感工会”①。

以上是摆脱嫉妒的化身的办法。

现在是实战。因为嫉妒的化身的言语或行动而痛苦的话，你自身理性的反驳很重要。一味地装聋作哑或硬要自己忘记，反而会更加困扰以至产生心病。恰当地分析他的言行，不要使自己受伤是非常必要的。

假设那人在大学同学聚会时说了这样的话：

“刚才看你假装和烟雨很亲近。”

---

① 译者注：“情感工会”是指人们需要形成感情方面互帮互助的集体。

分析一下这句话。

“他自己也想和烟雨亲近，但那好像不太容易，这人嫉妒心不是一般的重，我只是做了我平常做的事而已，原来他以为我想讨好烟雨啊。大学同学哪有那样的，哪来的自卑感，这样可不行。”

思绪的整理尽量不要超过10分钟，然后找一些让自己心情变好的事情做。过度的分析，反而会让自己变得执迷，而最糟糕的是把消极情绪拿出来反复地咀嚼。

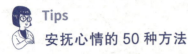

Tips

安抚心情的 50 种方法

1. 与相处舒服的朋友见面，把心里话说出来。

2. 与镜子中的自己真挚地对话。

3. 在平常不怎么走的路上闲逛。

4. 背诵几篇心仪的诗作。

5. 写下自己当下的梦想。

6. 一天三次对镜子里的自己微笑。

7. 一天一次找出别人的优点并称赞对方。

8. 为自己买花。

9. 晴好的日子步行出门看夕阳。

10. 一天拍三次照片，每次照相时要笑得灿烂。

11. 早上醒来写下一件今天想做的事情，并去实现。

12. 培养一个可以专注的新习惯。

13. 把音乐声音放大，随心所欲地跳舞。

14. 把犹豫不决的事情列成清单，挑出一件容易解决的事情，首先解决。

15.在做事的间隙努力让自己大笑。

16.不要忘记人生每个重要的瞬间。

17.努力爱上自己现在做的事情。

18.先向对方大声地打招呼。

19.更加经常地找亲近的朋友中有幽默感的人聊天。

20.抛弃对完美的执念。

21.承认人生是不完美、不安定的。

22.努力不去看别人的脸色。

23.抛弃帮别人做事要回报的想法。

24.每天记录一件感恩的事。

25.详细地计划一次旅行。

26.每当空闲时想想开心的事。

27.放声歌唱。

28.感恩时不要迟疑，表现出来。

29.每天至少对自己说一次“我爱你”。

30.给自己珍重的人满怀真情地写信。

31.对别人的恩惠要心怀感激。

32. 做饭吃，能招待客人更好。

33. 重新写日记。

34. 挑战没有做过的事情。

35. 不要逃避压力，试着去接受。

36. 有事要做，不要拖延，现在就开始去做。

37. 想哭的时候，放声尽情地哭。

38. 深深地吸气、吐气。

39. 即便当下没有所爱之人，也能坦然接受。

40. 认可自己的相貌，并爱着这样的自己。

41. 承认他人与自己不同的事实。

42. 每天晚上留给自己20分钟回顾这一天的冥想时间。

43. 找到能使自己心安的音乐，每天留出听这个音乐的时间。

44. 对不喜欢的事情堂堂正正地说“NO”。

45. 对任何事情都不要过度严肃地对待。

46. 慢慢地悠闲地散步。

47. 对喜欢的人，择日尽情地表达。

48. 抛弃对比的心理。

49. 思考人生真正重要的是什么。

50. 看着爱的人的眼睛，说“我爱你”。

抛弃
我内心深处的嫉妒心

有一个男人，他只挑选明星八卦和事故的报道看，特别对名人的事件报道感兴趣。别人向他传达报道的内容或跟别人一起谈论这些内容，都会让他非常开心。他努力收集这些报道，对别人转达的消息几乎都是名人悲痛的私生活。

他是一个极度自卑的人。德语中有“Schadenfreude”这个词语，是“损害”（Schaden）和“高兴”（Freude）的合成词，和中文中的“幸灾乐祸”意思相同。

有人可以信心满满地说我身边没有这样的人吗？我们或多或少都会对他人的不幸感到高兴，对认识的人或身边的人更能感受到这种情绪。利用核磁共振成像（Nuclear Magnetic Resonance Imaging，NMRI）检测人的大脑，当听到嫉妒的对象陷入不幸的消息时，可以观察到与主观高兴和满足有关的腹侧纹状体[①]会变得活跃。

所以那个男人听到嫉妒或讨厌的名人遭遇不幸的消息时会产生快感。有人为了获得更多的快感甚至还恶意留言。

最近娱乐综艺节目中的“羞辱娱乐”特别多，这一现象也是出于类似的原因。“羞辱娱乐”主要将出场人物中受到屈辱的样子表现在画面上。

虽然每个人都有嫉妒心，但不能在人际关系中滥发嫉妒。它会导致好不容易开拓的人际关系宣告结束。所以通过看艺人受屈辱来消除自己的嫉妒心是维持稳定人际关系的方法。但是观看“羞辱娱乐”节目容易让我们处理嫉妒情绪的那部分大脑兴奋。要小心嫉妒心没有消失反而增多了。

与嫉妒的化身拔河的过程中，和谐相处变得很重要，但也要警惕自己成为嫉妒的化身。

生活在竞争激烈、人情冷漠的大都市中，人们会不自觉地成为嫉妒的化身。如果我们的内心总是充满嫉妒，那么不知什么时候我们的自尊心会倒塌，从而让自己沦为消极情绪的奴隶。

如果认为自己的嫉妒心理没有异常的话，不妨录听一下自己日

① 腹侧纹状体是离脸部最近的大脑神经节。

常的言语。不要刻意地去留意，记录平时说的话就好。听了录音说不定你会吓一跳。

看一下你会吐出多少嫉妒的言语：

“那有什么特别的。”

“那人只能达到这个程度？”

“那家伙到底为什么那样？”

这样的话可以刺激我们的嫉妒。为了压制涌上心头的嫉妒，努力这样说话：

“我觉得没有关系啊。”

“当然也可以那样。”

“都是有原因的。”

努力增加自己的好感和认同感，学会看到别人的优点。即使是再不喜欢的人，也可以发现他的优点。那样的话，那人将成为我们的盟友。终有一天，他会给我们带来意想不到的好处。

也许你已经有一半是嫉妒的化身了。平复野兽般的嫉妒心还有一种方法就是鉴赏影视和文学作品。艺术品可以陶冶情操。陶冶是通过艺术体验化解内在积累的情绪。这是保证有效果的方法，用来自我治疗恰到好处。

全身心地投入电影或小说后，你是否体验过消极的情绪消失且心无杂念的状态？当然不是所有的电影和文学作品都有效果。富含感情的浪漫喜剧或艺术电影会更好一些。我经常推荐理查德·柯蒂斯（Richard Curtis）的作品。文学方面，推荐莎士比亚的《奥赛罗》。

嫉妒心通过这样安全的媒介倾泻出来，对身心健康非常有益。

不要一个人努力做好。

不要一个人承受伤痛。

“又能怎么办呢，只能是我去原谅。”

吴彬因为研究生同学陈浩困扰了很久。现在只要想到那件事就会生气，不想再见他。

几个月前两人以轰动了整个研究室的程度大吵了一架。过错方是陈浩，陈浩因为个人疏忽，忘记在期限内提交征集展资料，吴彬也因为要处理突发事情忘了这件事。最后，他们为征集展辛苦准备了将近一年，最终却没能如愿参加。陈浩犹豫了几天说出了实情，队员们都声讨他。

吴彬每每见到陈浩就指责他。作为最努力准备征集展的人，吴彬无法克制自己的怒气。从一开始策划到提出核心想法的人都是吴彬，而现在，将近一年的努力付诸东流，他怎么克制得住心中的怒火?

吴彬好像患上了心病，所以通过熟人咨询我应该怎么做才好。听说他因为太愤怒都没法好好学习，期末考试也毁了，所以又咨询我读什么书可以有帮助。我向他推荐了几本书，最终目标是让他原谅陈浩。

与人对话时，你会遇到话语中一直摆脱不了厌恶、愤怒、怨恨的人。但是讨厌某人的人不知道的一个重大事实是，承受痛苦以致垮掉的那一方是讨厌别人的那个人。乍一看好像讨厌别人的人是胜利者，被讨厌的人是失败者，其实讨厌别人的人会受到更大的伤害。

厌恶是人类情绪中最具有破坏力的情绪。

因此，聪明的人选择让原谅代替厌恶，但是轻易原谅对方的错误对我们来说并不容易。

一个原因是我们感到不公平。对方犯了错反而生活得好好的，而我却要因为那个人的错蒙受损失或委屈，这种想法阻碍了我们原谅的道路。于是，通过对那个人持续性地厌恶来获得对这种委屈、不公平感的补偿。人生不是我想怎样就怎样的，失望感或挫折感也使得原谅无法实现。所以原谅也是对不能因个人意志而改变的事情进行断念的一种智慧。

如果总是不能从厌恶中摆脱出来，不仅与那个人的关系会受到影响，其他事情也会不顺利。你也知道不能放下厌恶是具有破坏性和消耗性的。因此当厌恶要冒头时，首先要想到的就是原谅。

原谅可以给我们内在带来意想不到的收获。极其困难地原谅了对方，我们的人生将更加宽广，对别人的失误也不会过分地在意，才会形成拥有平常心的自我。

当然不是世上所有的事情都可以原谅。不能获得原谅的人肯定也是存在的。事实上更难的是判断哪些人值得被原谅，哪些人不值得，毕竟有一些事情是不管怎么想也绝不能原谅的。

怀着坏的意图一直骚扰我们的人要原谅吗？如果原谅了的话那是怯懦，不是原谅。有需要决绝、不容忍的时候，也有不能放过要严惩到底的事情。

事实上可以被原谅的事情比不能原谅的更多，而对可以原谅的事情一直放不下是愚蠢的，因为那会让我们的内心一点一点地积累厌恶。抽出时间翻找一下我们心灵的仓库，也许你会发现，比起大的厌恶，小的厌恶会更多。不能因为厌恶而让我们内心变得沉重。

几个月后吴彬对我传来了感谢的话，他原谅了陈浩，通过通宵的对话解开了心结。现在两人形影不离。所以说，原谅了对方的重大过失，对自己也是非常有益的。

我们每天都在不停地犯错中生活，说很多谎话。但是连别人的一点儿过失都不愿去原谅，能行吗？当然不能。我们需要严肃地指出别人犯错或过失的事情，但是完全不去原谅是不妥当的。

不能被原谅的事情本身就像是没有完结的事情，会让我们反复咀嚼，即使不想去想也会忍不住想。但是我们的脑容量比我们想象中的要小。所以消极的情感不断增加的话，那空间会急剧变窄；视野也会变窄，判断力也会以惊人的程度萎缩；人也会变得心胸狭窄。因此要及时地用原谅清除掉厌恶。

但是原谅是经历多种感情后才会出现的感情。“是的，原谅吧”的想法需要在各种感情的江水中淘出来。在萌生原谅的念头前要不断培养其他好的情感才是正确的。

Tips

原谅时需要遵守的几项原则

1. 首先区分可以原谅的事和无法原谅的事。心怀恶意做出的坏事绝对不能原谅，但是单纯的失误应该被原谅。

2. 远离经常对我犯下过错的人。那样的人经常会犯错，也只会浪费我原谅的能量。相反地，要与那些言行有自制力的人多相处。

3. 决定原谅的话，就快速实行。这时候可以写原谅信件，字数控制在半张A4纸的量比较适当。

4. 想一下对我犯下过错的人、我讨厌的人的处境，想象一下他犯错时身处的情况。当然这种办法有不起作用的时候，但是理解产生同感，同感产生原谅，所以应从最大限度的理解、同感开始。

5. 更好的方法是对当事人说“我原谅你了”。原谅需要很大的勇气，勇敢地说出来更显光彩，而且最好的方式是面谈，听取始末，留出和解的时间。

6. 几句简单的关于原谅的话：

“你这样做使我非常郁闷，但是原谅你这一次了。”

“原谅你了，但下次不要这样了，不然就破镜难圆了。”

“因为那件事我有多么心痛，你知道吗？但是现在我忘了。”

“这次就原谅你了，但是以后要对我更好。”

7. **虽然努力想去原谅，但还是犹豫的话，就先不要原谅，把原谅的话语埋在心底。因为要原谅而让自己受伤更不好，所以在放下前先保留原谅。**

Chapter 5

让人想要与你再次相见的方法

真心才能打开人际关系的大门

最近随着孩子上小学，成英和孩子同学的家长见面的次数也多了，甚至勉强地参加了孩子妈妈们的聚会。事实上虽然不能心情放松地参加这种聚会，但她希望唯一的女儿在学校的生活能好一些，所以即便是请假也会参加。

一起吃早午餐，听了一些闲谈后她就想赶紧离开。成员中一半是为了接孩子而去的。请假过去的成英虽然觉得虚度了时间，但是她想自己和她们之间总会再见，多沟通沟通也是好的。

那之后聚会又加入了一两个新成员，规模变大了，成英也参加了两三次。但是不久后发生了令人伤心的事——其他人和其他班级的一个妈妈聚到一起吃好吃的，没叫成英，这件事让她越想越郁闷。

原来是有两三个人给其他人施压不让她们联系成英。原因也很无趣——不想听成英说职场和进入社会的故事。

成英很难过，其实她的人生中不止一两次出现被群体孤立的事情了。虽然她做事干脆利落，在职场中获得了很好的评价，但是私下见面时就没有自信了。

其他妈妈们相处不到一个月，就亲近得像是每天都见面，但是成英做不到。

成英是因为女儿春季的美术治疗[①]而与我认识的。她问我为什么大家在不到三次的见面聊天后就可以如此亲近。我向她推荐了几本书，告诉她可以形成亲近感的共鸣对话。

对话可以让人疏离，也可以让人亲近。

“天气很好呀。”

“我不喜欢这样的天气。”

这样的对话让人瞬间疏离。

约翰·鲍威尔（John Powell）神父把我们与他人的对话分为四个阶段：

① 译者注：美术治疗是一种治疗心理疾病的疗法，利用美术帮助人们抚平心理创伤。

第一阶段是惯用的问候。

“今天天气真好呀。”

“过得还好吗？”

“您好。”

这类话语说也好不说也好，对拉近距离都没有太大帮助，但是不说的话，就会被认为是奇怪的人，所以是需要说的对话。

第二阶段是事实和报告的对话。

“听说这周末有日韩足球赛。”

这样的对话能给人一点儿兴奋，但是对亲密感的形成没有太大的帮助。不过一开始为了相互探索，需要经过这样的对话过程。

第三阶段不只是单纯的交换情报，而是加入了自己的想法。

“昨天发生的事件真吓人对吧？”

现在开始渐渐形成亲密感了。通过了解对方对那个事件作何感觉，可以判断他的人品或取向。

第四阶段是表现情感的对话。

“我最近因为那件事感到很大的压力。”

鲍威尔的第四阶段对话被称为“心的对话”。因为这是对对方敞开心扉、形成一定程度的亲密感后才会有的对话。从这个阶段开始互相慰藉、同感、移情、一视同仁、激励和称赞等正面的感情交流就来了。

这时这样回答是比较恰当的：

“原来如此，怪不得您看上去挺疲惫的，事实上我最近也多了几个苦恼，其中最让我担心的是孩子的前途。”

这种情感上的沟通是从表层关系到亲密关系的捷径。量很重要，质也很重要。不管是多么久的关系，如果没有这样的情感沟通还是会感到彼此间有距离感。

亲密的关系是通过第三阶段和第四阶段对话形成的。成英说她几乎没有进行过这样的对话。因为对她来说，与关系相比学习更重要，获得认可更重要，考试和就业是第一的。她的生活一直都是这样。她说事实上跟丈夫也很难完成这样深度的对话，新婚时还经常吵架。

后来，成英在我的鼓励下打电话给女儿朋友的妈妈，约她一起去游乐场玩……几周后成英和那位妈妈越来越亲近了，成英感到自信开心多了。

道歉的机会
转瞬即逝

人际关系中比称赞更重要的是道歉。如果确定是自己做错了的话，不要迟疑，要及时地在对方的心情变坏之前道歉，因为道歉的机会像光一样飞速消失的情况很常见。

像我这样不敏感的人也很讨厌没有及时道歉的人。以前我跟一个人完全断绝了关系，他在言语上严重冒犯了我，随意地贬低说，我要走的路是自闭的、逃避的。在酒席上听到他的话时，我的心非常受伤。

虽然过去将近 10 年了，我还是不能轻易忘记。当时一旁的前辈像锤子一样点头忠告：

“还要忍受几次你才肯分开？还是现在就离开？”

当时我的心理非常脆弱，虽然犹豫了一下，但最终还是听了前辈的话。从此和那人断绝了联系，变成了陌生人。

我们绝对不能错失道歉的时机，因为失去道歉的机会而后悔的人太多了！

因为我的失误给对方带来损害或伤害了对方的心，对方希望的是一个真诚的道歉。但是如果看不起对方，没有诚意的道歉还不如不要道歉。不要随意地说“对不起”“原谅我吧”，多次简单的道歉不如一次真心的道歉。但是道歉真的是一件我们都不太会做的事情，迄今为止没有学习过如何道歉，所以很多人从虽抱有歉意但是不知道该怎么正确地道歉，慢慢变成了不知歉意、厚颜无耻的人。

我们大多数人只关心自己的利益，但是太看重得失也是不对的。明明是损失却被误认为是收益，明明是收益却被断定为损失的事情屡见不鲜。所以还在犹豫要不要道歉的人，不要再看道歉的利益成本了，如果你真的伤害了对方，请诚恳道歉。

受困于职场压力的妍秀找我咨询，想听取与人际关系相关的指点。对每天低头不见抬头见的两三位上司的不满和因此产生的压力形成了我们谈话的主线。我告诉她，她的气愤源自自己的对话技巧对他们行不通。

但是和妍秀的对话中我印象最深的内容是与道歉相关的。妍秀几乎没有朋友。大学期间为了考试专心学习，失去了和同学及前辈、后辈亲近的机会。谈话时妍秀处于极度孤独的状态。没有一个可以约出来谈心的朋友。

上一份工作中妍秀交了一个朋友，能聊得很投机，有过和妍秀连续 10 个小时闲谈的经历。

但是妍秀犯了一个大错，断送了这段友谊。公司甚至让那个人写了检讨书。妍秀是想道歉的，但是因没有勇气而错过了时机。后来妍秀获知那个人向其他同事表示，她为妍秀没说一句道歉的话而感到气愤。一直到那个朋友离职，妍秀都没再跟那人有过私下接触。但是当最后妍秀收到了那人送来的离职礼物时，她还是忍不住流下了眼泪。

咨询过程中，因为犹豫错过道歉机会而苦恼的人很多。那时我就会督促鼓励他们快些去道歉。出现的好结果比想象中要多。虽然觉得已经太晚了，但是道歉后解除误会重归于好的故事我还是会经常听到。

妍秀还有一个因为没有道歉而分开的朋友。那个朋友是她的大学同学，咨询的过程中妍秀得到了那个朋友的电话号码并约她见了面，妍秀真诚地道了歉。虽然不能回到以前的关系，即使晚了些但仍有机会道歉，她感到心安了许多。即使是有各种各样的原因，我们也要鼓足勇气及时地道歉。

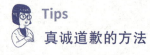

Tips

真诚道歉的方法

根据金浩博士对道歉的研究，正确的道歉方法如下：

1. 道歉时要把给对方带来的不便、痛苦、伤害的歉意具体地表达出来。

“上次因为我的失误导致事情做错了，真的非常抱歉，因为我让您受苦了。”

2. 承认自己的责任。

“是我的错误。”

“是我的责任。”

3. 要说明治愈和赔偿的方法。

“虽然不足，但我会以各种方式补偿您的。”

4. 告诉对方你已充分了解了情况。

“我知道因为我的失误造成了……的后果。”

5. 应该充分地解释说明，这与辩解不同。

“确实是我的责任，我之所以犯下那样的错误，原因是……”

6. 可以谈一下以后的对策。

“为了以后不会犯下同样的错误，我会注意……”

“我会做……”

这是我的经验，如果发邮件或手写信道歉的话，效果大概会更好。

吃亏的人会成功，这是真的吗

如果只有那些善于剥削他人，操纵他人心理以获得存在感的人才能走向成功，我们的社会将会变成什么样子？所幸，实际上是善于付出的人才能获得更大的成功。心理学家亚当·格林（Adam Green）把人分为三种类型——善于给予的“付出者”，善于索要的“索取者”以及善于在给予和索要中追求平衡的“平衡者”。“付出者”是经常采取利他行动的善良的人，“索取者”是剥削他人的人，“平衡者”，则重视给予和索要行为的均衡。

“付出者”可再分为两种人：一种是经常做无限制付出的“无我付出者”，另一种是在自身条件和他人需求中能把握好分寸的“成功付出者”。比起那些经常成为他人“工具”的“无我付出者”，“成功付出者”不仅能对他人善意地付出，更能把握好自身的利益和成功。

事实上名声在外的首席执行官（Chief Executive Officer，CEO）和名士们之中，“付出者”多于“索取者”和“平衡者”。他们成功的原动力是高质量的社会评价。随着职位提升和工龄渐长，“索取者”和“平衡者”被社会淘汰的风险更大，但“付出者”往往因为凝聚了更多的拥护者而继续“平步青云”。

社交圈也是如此。我们的朋友圈子里最终留下的都是“付出者”。“索取者”和“平衡者”基本上会在几年内被逐出。所谓“兔子急了也会咬人”，除非混迹于傻子们的圈子，否则不会有人放任他们在圈子里为所欲为。

我们有义务创造“付出者”们的美好世界。请记住如下几个原则，和“付出者”们保持良好的关系。

通过一两年的交往，人们基本可以彼此了解。朋友之间尤其要重视建立“付出者同盟”，如果有讨厌的“索取者”，可以放弃对他们短暂的同情和怜悯，齐心协力逐出他们。

如果你是“索取者”，那一定要小心。或许有一天你会神不知鬼不觉地被逐出朋友圈子。我经常遇到此类情况，事后万般后悔也无济于事，所以应该时刻反省自己是否本身就是“不知廉耻之徒”，努力向善。即使这样，在他人眼里，我离“付出者”还是有很大差距的。

看起来“索取者”占有优势，但最终胜利还是属于“付出者”的。如果你是天生的“付出者”，请不要试图扼杀你的本性去变成“索取者”或“平衡者”，那样会得不偿失，学会适当地付出即可。聪明的“付出者”很清楚自己能付出的界限，他们不会无止境地付出自己的时间和精力，填充“索取者”们的欲壑。

明确识别你在为谁付出。如果对方也是“付出者”，你的付出将是“投之以桃，报之以李”的过程。如果对方是“平衡者”，那么付出和回报将是等量的。即使对方是“索取者”，一次两次无回报的付出也未尝不可，只要在适当的界限上及时止损就行。

人际关系中
并没有隐匿的“王道”

“处理人际关系实在太难了，能告诉我游刃有余地处理人际关系的秘籍吗？”

“读什么样的书能窥视他人的内心呢？”

“有没有保证自己不受伤的人际交往方法？”

会有吗？人际交往必然会存在“受伤”的情况，世上能有几人从不委屈自己的自尊心去处理人际关系呢？有谁从来不会被别人的话语伤害呢？

处理人际关系，对任何人来说都不容易。显然不会存在“王道”，但是有必要记住“人是感性的”这一真理。

以下是一项有趣的实验，实验的对象是宾馆清洁工。实验对象大多处于亚健康的状态。实验者对参照组的实验对象并未做任何实验处理，对实验组的实验对象则透露了“清洁工的日常工作对健康有益”的信息，比如换坐垫、打扫洗手间等工作会消耗卡路里，这些运动对身体健康有积极的作用。

几周后比较了两组清洁工的体重变化和健康状态，结果很明显，与参照组的清洁工相比，实验组清洁工们在血压、胆固醇数值方面明显好转，体重也平均减轻了 1 公斤。因为他们对自己从事的工作抱有积极的态度，工作时始终保持了愉快的心情。

我从事心理咨询的时候也遇到过类似的情况。有两个巧合的案例，来访者都是 30 岁出头的女性，且都是工薪族。不仅年龄相仿，从事的工作也无太大区别。但是她们对自己工作的态度截然不同。一位是恨不得立刻辞职，另一位则是非常满足于所从事的工作，几乎没有任何苦恼。

想要立刻辞职的惠仁女士起初并没有职业方面的困扰，考上大学，选择专业，顺其自然地就业。

刚进公司的时候忙于适应工作环境，甚至能热情地投入工作，并对此感到愉快。但是她越来越觉得这并不是自己想要的未来，深陷于迷茫之中。惠仁很想做心理咨询师，因此也做过情商测试和职业选择咨询，结果是现在的工作并非不适合她。

其实惠仁女士的职业困扰来自她挑剔和不善交际的性格。不仅不善于处理职场上的人际关系，处理私人关系、与男朋友之间的关系于她而言也是难题，令她困惑，尤其是“是否要跟交往两年的男朋友结婚”这个问题让她苦恼不已。

“心理咨询行业比日常处理人际关系要难好几倍呢。”

这句话使她放弃了怀抱数年的心理咨询师梦，我问她：“如果每周都有客人来诉说‘不想活了’，你会怎么办？”她仿佛恍然大悟。

任何工作都存在困难点，也有令从业者不满意的因素。反之，任何工作都有能够引起职业满足感和幸福感的优点。

世上能有多少人天生适合做宾馆清洁工呢？我告诉惠仁，对已经拥有的东西应抱有感恩之心，也告诉她一些处理人际关系的方法，特别是对工作的细节进行深刻思考，这些对她帮助很大。

惠仁阅读了我推荐给她的几本书，以此为契机，她对自己人生中从事工作的意义产生了新的思考。令她绝望的职场生活也焕发了彩虹般的色彩。她跟男朋友的关系也有了很大的改善，虽然暂时不会结婚，但也开始积极认真考虑这些问题了。

这样的沟通方式，能给他人留下愉快的印象

有些话，听完后能让人愉悦一整天；有些话，明明是偶然听到的评论，却让人十分不愉快。我们都希望听到让人愉悦的话，也希望说出让人愉悦的话。偏偏是想说出口的时候却忽然找不到恰当的词语，说不出美妙绝伦的句子，有些人为了突破这种瓶颈，会在平时记录美句，背诵美文。

美国脱口秀女王奥普拉·温弗瑞（Oprah Winfrey）就是其中之一。美国著名民权领袖和演说家杰西·杰克逊（Jesse Jackson）牧师曾经说过的话使奥普拉·温弗瑞备受鼓舞。

“崭露头角，你将会冲破人种歧视和性别歧视，从而奔向卓越。”

她第一次听到这句话是在高中的一次教会活动中，然后便牢记

在心。之后的日子里，只要遇到美句、美文，她都要记在本子上，记在心里。我喜爱的书中有一本就是奥普拉·温弗瑞的《给我力量的话语》（*O, The Oprah Magazine*）。这本书叙述了奥普拉·温弗瑞从一个受尽穷苦磨难的黑人女孩成长为美国最受欢迎的脱口秀女王的历程。

我亦如此，看到美句、美文的时候就像看到珍贵的宝石一样心潮澎湃，满心欢喜地记在笔记本上，时常背诵它们。也许有人会说："何必活得那么复杂呢？想说什么就说什么呗，我才不会去做那种做作的努力。"但是，你想想吧，你未曾抓住的、离你而去的那些人，可能离开的原因就是你无意中吐露的言语使他们内心受到了伤害。或许你就是那个本该让他们愉悦的，能说出动人语句的人。

韩国诗人郑玄宗的一首诗《每一瞬间都是蓓蕾》一直收录在教科书中。作者说："我偶尔感到懊悔，当时的那件事，说不定会是天降的好运……当时的那个人，当时的那物品，说不定会是天降的好运……早知道就更认真钻研，更认真攀谈，更认真倾听，更认真地去爱……"

学好美文、美句的理由之一是，如果不那么去做，就会失去太多太多的缘分。如果有日常语言，那么就有超越日常的高端词句和灵性语言。世上真的有能给人以力量的美文、美句。

有时候，有些人，一辈子的转折就在一句话上。我认识很多因为一句话失去了宝贵缘分的人，找我进行心理咨询的半数以上的人都是如此。也有那些只因一句话就相伴一生的人，妍景就是因一句话而结交挚友的例子。

几年前，一位图书管理员阅读我的作品后邀请我去她所在的小城市图书馆举行系列演讲，因此我在一个月内频繁拜访此地。每次去的时候我都和当时担任图书管理员的妍景聊二三十分钟，其中就包含了交友的话题。我告诉她我的挚友是女性，她表示很惊讶。

她也告诉了我她挚友的故事。妍景的挚友是她高中时候的同班同学。那位同学家境非常贫寒，当时妍景送她一句话："这一切终将过去。"当时，妍景刚读过这句话，刚好记在心里，就送给了她的朋友。后来，她的朋友铭记此句当作一生中最宝贵的金句，也和妍景成了一生的挚友。

> "巨大的悲伤，像怒吼的江涛，仿佛粉碎一切平静一般冲向你的生活，珍贵的东西逐渐永远消失在你眼前的时候，每一个最困难的瞬间，请你对你的内心呐喊，一切终将过去！"
>
> ——威尔逊·史密斯（Wilson Smith）

我也有一生珍藏的金句。30 岁左右的时候，因为大学生运动而几乎被开除的那段日子，也是我热衷于寻找和学习美文、美句的那段时间，我把《大学》[1]里的一句“苟日新，日日新，又日新”铭记在心里。

我们无法学完所有美文、美句。即使活到老，学到老，也无法看遍所有美文、美句。

前些天，我在电视里看到了这样的句子：

> “就是这里。这就是家园。这就是我们。你所爱的每个人，认识的每个人，听说过的每个人，历史上的每个人，都在它上面活过了一生。”
>
> ——卡尔·萨根（Carl Sagan）《暗淡蓝点》

这是卡尔·萨根看着飞往冥王星的旅行者 1 号拍摄的地球照片写的，是告诉人们人为什么要相遇相爱的真理的句子。以前我虽然读过《暗淡蓝点》这本书，但却错过了这么美妙的句子。所以每当看到美文、美句的时候，记下来是很重要的习惯。常记在心里，可以反复熟读。

---

① 译者注：《大学》是一篇论述儒家修身、齐家、治国、平天下思想的散文，原是《小戴礼记》第四十二篇，相传为春秋战国时期曾子所作，实为秦汉时儒家作品，是一部中国古代讨论教育理论的重要著作。

Tips 让人们心情愉悦的美丽语言

我经常遇见非常悲观的人。深度抑郁症的主要特征之一就是深度悲观。我有经常给他们看的词汇目录：

幸福、温暖、感激、乐观、乐天、活力充沛、耀眼、出色、满足、感动、感谢、感叹、谢谢、关心、高兴、满意、帅、明亮、喜爱、可爱、和蔼、生气勃勃、信赖、平稳、平常心、热情、满足、鼓舞、愉快、喜悦、亲近、沉着、快活、平安、平稳、平和、幸福、欢喜、活力充沛、希望、喜悦、自信满满、爱情……

抑郁症患者看过目录一般都会说“几乎没用过”。我让他们用这些词造句。越是悲观的人越难造句。因为它们是没有悲观主义色彩的词汇。

你呢？经常使用此类词汇吗？或者有更美的表达方式吗？提起“希望”这个词汇，我有一句立刻就能想起的名言。

“所有悲观论者从未发现过星星之谜，从未向往过未知的岛屿，从未开启过人类精神世界的新乐园。”

海伦·凯勒（Helen Keller）曾经说过，她因残疾而更认清自我，甚至爱上自己的残疾。她未曾拥有过光明和声音，却拥有着我们无法追赶的灵魂。因此，她的语言带有晶莹剔透的灵性。

把这句名言原样照搬说给他人听是相对困难的事情，如果稍微加工，变为自己独有的言语去表达，或许更适合。比如可以跟朋友这么说：

“如果总是往坏处想，所有通途也都会被堵上。”

哲学家维特根斯坦(Ludwig Josef Johann Wittgenstein)曾经说过：“我言语的极限便是我世界的极限。”如此，好的词汇、好的文章能成就一个人。给珍惜的人表达我的美文、美句也能有助于他的成长。

怎样才能说出更多的美文、美句?

我最常用的方法就是活学活用《给我力量的话语》等名言书籍。收集了大量名言的《拉鲁斯世界名言大辞典》(*Larus Dictionary of Prooerbs, Sentences and maxims cation quotation*)对我来说是取之不尽的宝藏。

在学生时代，我遇到美文、美句就记在本子上重复背诵；最近我更喜欢写完一句名言，慢慢欣赏它。十句名言，一杯咖啡，刚刚好。

赢得对方承认的共鸣技术

我曾经对疗养护理人员做过团体辅导，目标是促进护理人员之间的沟通和融洽，也缓解他们工作中积累的压力。原以为团体辅导的气氛会比较轻松，令人意外的是，很多人在诉说心理上的难处。

在老年痴呆症患者和脑出血患者等人群中长期从事着高强度工作的护理人员们，大多数都承受着很高的职业压力，几乎每位护理人员都有过被老年痴呆症患者攻击的经历，还有因照顾行动不便的老人而扭到腰的情况。在简单的心理测试后我发现，他们的压力指数比客服中心接线员和邮递员的指数还要高。

第一节课，我进行了关于幸福人生的讲演，之后同行的美术治疗师让他们以画一幅展望未来题材画作的方式进行了美术治疗。最后一节课进行了简单的写作，让他们把那些工作中发生过的不愉快经历写出来。在这个过程中有了比较活跃的一起吐槽、一起探讨的对话。

有些人倾诉苦难的个人经历，有些人一边为自己的经济压力诉苦，一边流下了眼泪。但是最多的话题还是工作环境所带来的压力。因为长期的焦虑，护理人员之间存在摩擦和隔阂。一位50多岁的护理人员说，工作中因焦虑引起吵架后很难和解是最令人烦恼的事情。有人提问怎样才能好好和解，以求心灵的疏通。说着说着她就指向对面的后辈说，以前两人相处很和睦，却因一次大吵之后一直没有办法和解，很想与她好好和解。结果，那位后辈在现场满脸通红，不知所措。我赶紧接上了话说："虽然大部分职场人总是因为加班、夜班而感到劳累，但是更严重的是工作带来的压力。压力的与日俱增，很容易导致自己把不好的情绪发泄给身边的人。相反，如果互相关爱、互相谅解，那就能减轻对方的压力。"

我一边把准备的资料分发给他们，一边指导如何进行有效的沟通。

心理学家马歇尔·卢森堡（Marshall Rosenberg）创造的"非暴力对话法"（Nonviolent Communication），是通过人性本善的共感去提高沟通能力的方法。运用此方法，人和人之间的沟通会更加顺畅。应用这种对话方法有四个步骤：

第一是观察。

观察两人之间发生的事情、状况，倾听对方言语也属于观察范畴。

“金主任，最近你的工作太多了啊。”

第二是说出感受。但不得针对对方做出评价、解释，尤其不得刁难和指责。

“金主任，看着你脸色不太好啊，也瘦了很多。”

第三是准确表达自己的意图。想好自己所希望的是什么，结合刚刚感受到的内容一起连贯表达出来。

我们经常掩盖意图，只表达情感情绪，那时候很容易说出违背真心或本意的言语。虽然他人能触动情绪，但必须明白心中分量最大的是自我意图。有时候我们指责一个人是跟意图相关的，但往往表达的时候却掩盖意图，只表达情绪。

比如“金主任，最近工作处理得怎么这样啊？”其实内心里的意图是“我希望金主任能好好处理工作”。

为了自己的欲望而刁难他人的行为是无益的。金主任不会觉得“我要好好工作”，而是只会产生“讨厌说话的那个人”的负面情绪。

因丈夫每天都很晚回家而生气时，我们经常会说："你对这个家庭一点儿都不关心。"

换个方式说说看吧。

"亲爱的，我希望你能早点儿回来跟我们共进晚餐。"

从小只接触过掩盖意图表达方式的人经常不会说出意图，而是刁难对方。因此，从自己情绪中发现意图，真实地表达出来才是"非暴力对话"中最重要的因素。

"非暴力对话"方法中第四步骤是请求。只说出自己的意图会使对方不知所措，不知道该如何是好，必须郑重地请求以满足自我意图。

对每天下班晚的丈夫换个方式说："亲爱的，我想和你一起吃晚饭、出去散步。今天尽量早点儿回来呀。"这样会有更好的效果。

但是，"非暴力对话"也不能只满足于实现自己的利益和便利的意图。

"亲爱的，屋里太乱了。"（观察）

"亲爱的，屋里太乱，让人心烦呀。"（感受）

"亲爱的，我希望屋子变干净。"（意图）

"亲爱的，打扫屋子吧。"（请求）

看起来按照"非暴力对话"步骤沟通很容易，但如果每次都用这种方式进行对话，对方很容易厌倦，感觉更像是做作业或者是变相强求。这其实是违背了"非暴力对话"方法的原则。所以请求的话语可以改成"亲爱的，累了吧？我做其他家务，你只帮我打扫屋子好吗？"会更为有效。

"非暴力对话"的最高目标并不是达成自我利益和意图，而是要共存。并不是为了自己的利益和快乐去说服对方，而是为了公平地分担责任、和睦地进行持续沟通。

"亲爱的，公司部长说我看起来很疲倦，让我早点儿下班。好不容易才能早点儿下班，还让我打扫屋子，我真的觉得很累啊，所以今天咱别打扫屋子了，一起看个电影、喝杯啤酒放松一下怎么样？"

"不行，我今天一定要看到屋子干净，所以我希望你打扫屋子。"

如果这么接话的话，即使运用了"非暴力对话"方法，仍会无济于事。必须要在找出共感的基础之上表达各方的意图才能达成共识，和睦地沟通，因此，最重要的是情感的怜悯。共感是从怜悯开始的，是从以“虽然我很累，但他也很累”为基础的内心想法开始的。

“我又顾着家，又看着孩子，但他也在公司忙了一整天，也挺不容易的。”

我让50多岁的那位护理人员按照如下顺序开始了表达：

“我与你疏远之后很难过。”

“我想和你像从前一样和睦相处。”

“所以我希望你也回心转意，亲密地对待我。”

随着她按照要求说完，两位害羞的人相拥在一起。

好的对话从共感开始。没有共感的对话，只能算是演说或说服，并不是真正的对话。我们最脆弱的地方恰恰就是共感。

我们学来的不是共感，是主张。大多数人认为在社会竞争中共感代表妥协和失败，说服和主张才是胜利，共感是弱者才去做的。

其实现在的社会是走向共感的时代。“老古董”正在没落。

我经常被人问到所谓对话的技术，演讲的时候也会遇到打着“听众想听”的旗号请我讲点对话的技巧的听众。每当那时，我都会告诉他们比起对话技术，共感能力才是优先的。

我们的大脑中独立存在着“共感脑”，众所周知，即使天生缺乏“共感脑”的人，也可以通过学习增强自己的共感力。

共感力是人性的核心，相信一生之中它都在成长，启动大脑中的共感回路。

第一，每件事都要从对方的观点去考虑问题。

第二，挑战新的、能提高共感能力的事情。

第三，多体验不一样的人生和文化。

第四，培养对陌生人的好奇心，培养倾听的习惯，培养摘掉假面，遵从内心的习惯。

第五，通过欣赏艺术作品等途径去阅读他人的心灵。通过美术、文化、电影、丰富社交圈等途径，跟随着他人的心灵去旅行。

第六，关注周边环境的变化，培养对自然界的共感，拓宽视野。

语气是所有关系的开端

这里有两种文字：

为了保护游戏装备，避免账号被盗造成损失，您可以使用“封印咒语书”。“封印咒语书”是解除装备“封印”状态的咒语书。通过官网申请后可在游戏界面中领取“封印咒语书”。

——网游天堂“封印咒语书”

请别忘记你还年轻，年轻就是祝福。为此自豪着，奋勇向前着，不能辜负，拥有生命的旅程，无所谓做什么。未曾拥有过生命，何谈属于你的旅程?

——小说家亨利·詹姆斯（Henry James）

《使节》（*The Ambassadors*）

一种是没有情感的文字，一种是满怀情感的文字。大致相等的字数，但阅读的时间上却有差异。如果第一种算是在脑海里超高速闪烁而过的话，第二种属于即便读完之后还有余音，仿佛那起伏的情感仍在心中澎湃。

我们可以像第一种文字那样说话，也可以像第二种那样说话。当然枯燥的都市生活经常让我们按照第一种文字那样说话，城市这种地方就是经常抛开情感而单纯进行事实阐述的地方。

生活中不少人擅长有意掩盖情感的对话，想方设法从自己的话语和肢体语言中排除情感，比如用“我不太懂”等说法来进行自我防御。

我喜爱的画册《怕伤心》中有个心脏受过伤的年轻女子。自从她小时候伤过心之后就讨厌心痛的感觉，总是把心脏掏出来，躲避疼痛。

创伤性应激或者压力过大的人生会导致“述情障碍”（Alexithymia）①，这是由哈佛大学精神病学彼得·西弗尼奥斯（Peter Sifneos）首次提出来的，希腊语中的意思是“缺乏表达灵魂的词”，

---

① 译者注：“述情障碍”又译作“情感表达不能”或“情感难言症”。患者不能适当地表达情绪、缺少幻想，普遍存在于心身疾病、神经症和各种心理障碍的患者中。“述情障碍”者对情绪变化的领悟能力差，心理治疗反应不佳，这常给治疗带来不利影响。

它的内涵并不是没有感情，而是无法表达感情。这种人群因无法用语言表达情感，所以会把积累的情感用冲动、负能量、依赖、躲避、攻击等方式发泄；无法表达情感而导致身体不适，或者对某种东西产生依赖，发泄冲动行为。我为患有愤怒调节障碍的人做过心理咨询，他是重度网游成瘾者，通过观察他的语言能力，我发现他在沟通中没有对感情进行适当地表达。

以下的测试题可以测试情感缺乏程度。

· 为了避免对方受到伤害而比较注意说话方式。 □
· 被拒绝了也不会轻易放弃，再次试图挑战。 □
· 经常考虑他人的立场。 □
· 不会以第一印象或语气来判断对方。 □
· 即使对他人的行为不满，也不会指责他人。 □
· 要是周围的人使我生气，立刻表达心情不好。 □
· 经常跟自己对话。比如："干得漂亮。" □
· 比较沉着冷静。 □
· 能敏锐观察到周围的人是否高兴或者不满。 □
· 不关心他人是否称赞我或者刁难我。 □

超过 5 项属于正常范围，7 个以上属于情商高，5 个以下说明极有可能情感能力欠缺，或者表露情感比较迟钝。如果情感表达有相当程度的问题，必须积极去解决，因为这是很严重的问题。

影响个人精神健康的重要因素之一便是情感能力。即使不为了良好的人际关系，而为了自己的精神健康，也必须改善情感障碍。想要改善情感障碍，首先可以挑战如实地表达情感、经常观看有情感素材的电视剧、电影，涉猎各类情感小说、诗歌散文等，比起应酬类聚会还更要注重私人聚会。

还有些非常简单的方法，比如先朗读以下情感类词汇：

心情好的、喜悦的、多情的、想念的、辉煌的、自信满满的、充满的、高兴的、悠哉的、感性的、霸气的、活力充沛的、新鲜的、雄壮的……

再试着利用此类情感词汇去造句：

“今天步行 10000 步，感觉好有活力呀。”

“天又青，云又高，仿佛飞翔在蓝天白云之中。”

经常写让人愉快的文章。不管是记在本子上反复阅读，还是在心里重复默念都是好的。

提高积极向上的情感词汇量是核心，不是说要变为感性的人，而是要成为拥有正能量的人。

只是相比于代表积极向上情感的词，我们词典中否定的、负能量的词汇更多。只看单纯表达伤心的词汇就有以下这些：

催泪的、心寒的、虚无的、悲哀的、孤单的、后悔的、想哭的、上火的、低沉的、落魄的、失落的、无力的、惋惜的、悲惨的、想死的、暗淡的、绝望的、冷漠的、泄气的、凄凉的、忧郁的、焦心的、无助的、揪心的、自暴自弃的……

语言心理学者们认为韩国人对伤心的感受和敏感程度比较高。历史信息学者们认为苦难的韩国历史也是无意中造成韩国人的负能量感比较重的原因。

这是韩国人面临的共同心理问题，必须正视它、克服它。

当然，并不是指完全不能用负能量的情感表达。伤心的时候不能表达伤心也是不行的。

只是有必要从自我的习惯、日常生活中检查负能量词汇量和积极向上的正能量词汇量的比率。

脏话和表达不悦等的惯用语也是自我积累的负能量词汇范畴。负面情绪的人、悲观的人、不安的人的情感回路是相对狭窄且简单的。情感回路不能多姿多彩、错综复杂，因此更不益于精神健康。

再有，这类人容易积累负面情绪，一旦受到压力就采取暴饮暴食等不明智的方法来发泄。

那么正能量和负能量的情感比率应多少才算是最佳呢？

据研究，正能量与负能量之比接近3∶1时，情感最佳。换句话说，一次难过的情绪要用三次高兴的情绪来平衡。

首先，远离新闻，新闻内容中一般充斥着各类负能量或令人不安的事情，而且每天至少有数十条负面消息是通过新闻传播的。不仅仅是新闻，科长的唠叨、部长的指责、突然指派的业务指示等，这些在日常生活中掀翻积极心态的负面情绪，像小型核弹一样潜伏在周围环境中。

现实中面临的各种困境，比如经济状况困难、升职问题、工作中的不满情绪、睡眠休息不足、压力过大等因素都会让我们产生负能量。即使很努力要摆正心态，想积极向上，生活也总是会想尽办法将我们绊倒。

一位心理学者问过流浪修行者，怎么做到在那么艰难的苦境中始终保持平常心。

“贪欲的反义词不是无欲，是满足。如果你拥有大大的满足感，那么拥有什么都不是问题，在任何时候你都能一如既往地满足。”

如果很难领悟流浪修行者像“圣人”一样的教导，那请试一下我所提出的心理技术，那种有意识地去培养积极向上正能量情感的技术。

首先，依次写出那些令你伤心、上火、担心的负面情绪事件。按满分 10 分为标准，给各项事情赋予分值。

把负面情绪事件个数乘以各自的分值再相加，这分值就是今天你的负能量情感总量。把这分值乘以 3，那么得出的分值就是你当前需要的正能量情感的量。

其次，列出能让你高兴、感到幸福、觉得有意义和有价值的事情。按满分 10 分的标准，给各项事情赋予分值，用完成或已达成这些事情的个数乘以各自的分值再相加。与负能量情感分值相比，看看正能量情感的分值是低于负能量还是超过了负能量。如果是前者的话又要采取什么措施去弥补?

采取此方法一定要严谨确定情感分值。比如：今天不知道为什么心情不好，这就尴尬了。那时候就需要像一位围棋手一样，对自己每一步棋都进行具体地分析。运用场景回复型模式试想一下今天发生的事情。

负能量的事情

1. 分

2. 分

3. 分

4. 分

5. 分

• 负能量情感总量

负能量事情个数 × 各分值： 分

• 必要的正能量情感分值

负能量情感总量 ×3： 分

正能量的事情

1. 分

2. 分

3. 分

4. 分

5. 分

• 正能量情感总量

正能量事情个数 × 各分值： 分

“今天朴队长讲了并不搞笑的黄段子，心情不愉快。”这种内容不如写成：“我对那句话感到很不高兴，甚至感觉到反感和厌恶。”

英国学者约翰·罗斯（John Ross）说过：

> “阳光是甜美的，雨是清凉的，风是凉爽的，雪能活跃气氛。世上并无坏天气，只是有各种各样的天气而已。”

后记

献给想拥有真诚关系网，

活出一个精彩人生的你。

孩子们从三四岁开始能在人群聚集的地方习得社会性。环境欠缺或者本身是内向型性格等因素，会导致孩子们的社会性成长受到阻碍。之后这种问题会一直伴随着他的成长，即使长大成人之后，也很难克服由于自身问题而出现的社会性成长停滞现象。

由于各种原因，弱冠之年的我欠缺了这种社会性。但是我的社会性因外部环境影响，被迫加强了。我求学时，学校总有很多读书沙龙，有几处是义务参与，多的时候，我需要一口气参加 5 ~ 6 处读书沙龙。

对我来说，参加这种读书沙龙，并不是一件容易的事情，因为读书沙龙需要参与自由讨论，并交换意见。

我要在众人面前表达出自己的想法，这是非常煎熬的经历。但日复一日，年复一年，我逐渐成为积极热情的成员，那段处理社会性关系的经历也成了我人生中宝贵的财富。

然而人生处处是坎坷，三十而立之时，因被牵连校园暴力事件，我的社会性又受到打击，也因此受到了很深的伤害，对他人的信任灰飞烟灭，随之而来的是深度的抑郁症和对人的恐惧。但是心伤是可以治愈的。美国剧作家尤金·奥尼尔（Eugene O'Neil）说过：“我们生而破碎，用活着来修修补补。”深深的关系之伤反而造就了我更完善的关系处理能力，现在我能和周围的人们比较融洽地相处了。

我们大多经历着受苦受难的人生。不过，还是有克服痛苦的比较有效的方法的。首先需要正面接触该事情的“正面”，然后通过“正面”来观察发生该事情的各类缘由，再之后需要去接纳它们。如果不接触事情的“正面”，就无法观察；如果不观察，就无法接纳，最终只会留下坏心情。

而且如果我们想把那些苦难的人生全部接纳了，那么必须保持好心情。最后必须用爱去克服。除了爱，任何心灵伤痛都很难痊愈。

这种逻辑也适应于处理人际关系。我们相互遇见，相互了解，必然会相互伤害。人生中无时无刻不存在伤害人的关系，可惜的是目前我所处的人际关系中互伤关系比互爱关系更多。我们不能对这种状况置之不理。

互伤关系也会潜藏在心理内部以致积累着看不见的伤害，因为看不见，所以看似无所谓。但事实并非如此，坏的关系维持到一定程度后必然导致脱离精神层面，正所谓“不破不立”。

如果发现有那种一步一步破坏你的关系，那么请鼓起勇气果断与它决裂吧！表面上看这种关系的破裂会引起轩然大波，但过些日子之后，你就会发现那些都不是什么大事。世界上没有比互伤关系更讨厌的东西了。不，没有比这更危险的东西了。

工作之中也同理。虽然是薪资待遇很好的工作，然而周围总有伤害你的人，而且还不少，怎么办？

不能光看着表面，也要考虑日积月累受损的精神状况。而且即使再努力也无法改善的那种关系，那么请勇敢“退货”吧！世上还有很多适合你的工作。

我们努力去寻找那些让人经常能感受到爱的关系，使人保持好心情的关系，即使工作很累但下班后依然能抚慰你心灵的关系。身边有着那些暖暖的人，每一天都会过得很好。

也正因如此，我们不但不能停止继续寻求更多优良关系的努力，还要争取赋予他人爱、希望、喜悦、宽容、怜悯、充满信任的关系。另外，修复自我的最佳方法，就是带着一颗真诚的心，跟人分享真诚的爱。

真心希望通过此书，改善你一生中的人际关系，帮助你处理好各种关系问题。想织一张真诚的关系网，只要带有真心，并非难事。